LA SITUATION COGNITIVE

COLLECTION D'ÉPISTÉMOLOGIE
dirigée par Angèle Kremer-Marietti

PARAIN-VIAL (J.), *Philosophie des sciences de la nature. Tendances nouvelles*, 1983, 2e éd., 1985.

KREMER-MARIETTI (A.), *Le concept de science positive. Ses tenants et ses aboutissants dans les structures anthropologiques du Positivisme*, 1983.

Histoires de l'anthropologie (XVIe - XIXe s.). Colloque « La pratique de l'anthropologie aujourd'hui » (Sèvres, 1981) sous la direction de B. Rupp-Eisenreich, 1984.

ARMENGAUD (F.), *G.E. Moore et la genèse de la philosophie analytique*, 1985.

BACON (F.), *De la justice universelle. Essai d'un traité sur la justice ou les sources du droit*, Introduction par Angèle Kremer-Marietti; biographie, traduction et notes par J.-B. de Vauzelles, 1985.

Le Cercle de Vienne. Doctrines et controverses. Actes des Journées internationales, Créteil et Paris, 29-30 septembre et 1er octobre 1983; textes réunis et présentés par Antonia Soulez et Jan Sebestik, 1986.

BACON (F.), *Le « Valerius Terminus » (de l'interprétation de la nature)*. Traduction, notes et commentaires de François Vert; préface de Michèle Le Dœuff, 1986.

Épistémologie et matérialisme. Séminaire sous la direction d'Olivier Bloch, 1986.

DÉLIVOYATZIS (S.), *La dialectique du phénomène* (Sur Merleau-Ponty), 1987.

PEIRCE (C.S.), *Textes fondamentaux de sémiotique*. Traduits par Berthe Fouchier-Axelsen et Clara Foz, 1987.

L'homme et la rhétorique. L'École de Bruxelles, sous la direction d'Alain Lempereur, 1990.

JACQUES SCHLANGER

LA SITUATION COGNITIVE

PARIS
MÉRIDIENS KLINCKSIECK
1990

Si vous souhaitez être tenu au courant de la publication de nos ouvrages, il vous suffit d'en faire la demande aux Éditions Méridiens Klincksieck, 103, Bd Saint-Michel, 75005 Paris.

ISBN 2-86563-283-0

CHAPITRE 1

QU'EST-CE QU'UNE SITUATION COGNITIVE?

L'idée de situation cognitive

Cette étude part d'une constatation qui (me) paraît évidente: tout ce qui a trait au savoir, qu'il s'agisse des capacités cognitives du sujet connaissant, des procédures de présentation et de validation du savoir, des contraintes sur l'objet de savoir, bref tout ce que nous avons l'habitude de désigner sous la dénomination générale de problèmes cognitifs ne prend corps et sens qu'à partir de situations cognitives concrètes dont l'expression la plus générale est de la forme: « quelqu'un sait quelque chose ». Je sais que l'eau bout à 100°, tu sais l'anglais, elle sait jouer au tennis, il sait faire des gâteaux, voilà autant de situations cognitives à partir desquelles se déploie la problématique des diverses disciplines cognitives. En effet, qu'est-ce qu'un problème cognitif, si ce n'est une manière de cerner, d'isoler, de fixer, telle ou telle articulation de la situation cognitive, dont l'explication nous paraît nécessaire pour comprendre la situation cognitive toute entière.

Qu'est-ce qu'une situation cognitive? Par *situation* j'entends « l'ensemble des circonstances dans lesquelles une personne se trouve... ; l'ensemble des relations concrètes qui, à un moment donné, unissent un sujet ou un groupe au milieu et aux circonstances dans lesquels il doit vivre et agir » (Petit Robert). La situation cognitive est un événement, et celui qui traverse cet événement n'est ni un dieu, ni un animal, ni une machine, mais un être humain. Bien sûr, on parle de l'omniscience divine, du chien qui connaît son maître, de la mémoire de l'ordinateur ; et moi-même, je ne me priverai pas de ces usages — dans l'idée qu'il s'agit là d'un emploi analogique où le savoir humain sert de modèle pour des conduites qui, sous certains de leurs aspects, peuvent être assimilées à la conduite cognitive humaine.

Quelqu'un sait quelque chose, et ce *quelqu'un* est un *je*, un sujet connaissant. Vue sous cet angle, toute situation cognitive est *egocentrée* : je comprends que quelqu'un sait quelque chose, parce que je sais quelque chose, et parce que je sais que je sais. La démarche cartésienne vers l'évidence était fondée, on s'en souvient, sur la situation concrète de Descartes qui s'interroge sur ce qu'il sait : même s'il ne s'agit que d'une mise en scène, le *je* de Descartes la traverse de part et d'autre. De même, la démarche que je propose de suivre dans cette étude de la situation cognitive me ramène en fin de compte à moi-même, aux situations cognitives concrètes dans lesquelles je me trouve. Cet examen de la situation cognitive auquel je me livre est donc une *égologie* (au sens où Husserl emploie ce terme dans ses Méditations Cartésiennes) où derrière un sujet transcendantal on aperçoit un être humain concret. La situation cognitive est examinée du point de vue d'un *je*, ne serait-ce que le *je* de la situation d'examen de la situation cognitive. C'est dire que, bien qu'il m'arrive souvent de parler le langage d'un réalisme naïf en ce qui concerne l'existence *réelle* du monde extérieur et des autres sujets connaissants, et en ce qui concerne la possibilité de communiquer *vraiment* avec eux — existence dont je suis intimement persuadé, possibilité dont je suis entièrement convaincu —, cette manière *réaliste* de parler n'en doit pas moins être implicitement précédée d'un « je dis que... », « je crois que... », « je sais que... ».

Dans cette étude de la situation cognitive, je pose le concept *la situation cognitive*, concept par rapport auquel les situations cognitives particulières prennent leur sens, mais non pas leur existence. Bien entendu, il ne s'agit pas d'une essence platonicienne qui vivrait de sa vie propre dans un monde des idées, mais d'un être de raison dont l'existence est posée pour des raisons d'utilité, afin de mieux comprendre les situations cognitives concrètes, afin de mieux pouvoir mettre en lumière les invariants que ces situations ont en commun, par delà la diversité de leur effectuation. Les situations cognitives concrètes, qui sont des événements qui ont lieu dans un espace/temps donné, ont des traits communs qui les spécifient en tant que telles: ce sont ces invariants que cherche à retenir et à éclairer le concept de *situation cognitive.*

Voie analytique et perspective phénoméniste

Pour mettre en relief les invariants de la situation cognitive, par delà les variantes et les variations des situations cognitives particulières, deux voies se présentent, l'une en profondeur, l'autre en surface. La voie en profondeur, qui est celle dans laquelle se sont engagées les sciences cognitives, creuse, déblaye, dans l'intention d'atteindre un niveau *élémentaire* considéré comme *matériellement* fondateur, et à partir duquel il est possible d'expliquer analytiquement la diversité de l'activité cognitive: c'est à ce niveau élémentaire que l'on espère découvrir les invariants de la situation cognitive. L'autre démarche se place à la surface du phénomène cognitif, ce qui ne veut bien entendu pas dire qu'elle est superficielle, au sens péjoratif de ce terme. Son objet est d'éclairer la situation cognitive en lumière rase pour y percevoir les aspérités et les variations de ses déroulements possibles, et ainsi de mettre en lumière les invariants qui la spécifient.

Soit donc, d'une part une démarche analytique, statique, disséquante, réductionniste; et de l'autre, une démarche holiste, dynamique, intégrative, que je propose de désigner du terme de *phénoméniste* (et non pas *phénoménologique*, afin d'éviter confusions et connotations étrangères). La démarche analytique démonte la machine cognitive pour voir comment elle fonctionne de l'intérieur; la démarche phénoméniste regarde la situation cognitive de l'extérieur, pour voir comment elle performe. Cette deuxième voie me semble négligée aujourd'hui, et c'est elle que je vais suivre dans ce livre.

Pour bien faire ressortir l'intérêt et la complémentarité de ces deux approches, comparons la situation cognitive à la situation *tennissive*, à la partie de tennis. Le point de départ est le même: il n'y a pas de situation tennissive en général, il n'y a que des situations tennissives concrètes, des parties de tennis effectivement jouées à tel moment, à tel endroit, par tels joueurs. Cependant, par delà la diversité des parties de tennis effectivement jouées, il est indéniable que la situation tennissive est caractérisée par des invariants qui la spécifient par rapport à d'autres situations vécues, telles la situation d'enseignement, la situation de conduite automobile, ou la situation du jeu de football.

Pour comprendre la situation tennissive, deux voies complémentaires se présentent, la voie analytique, en profondeur, et la voie phénoméniste, en surface. La voie analytique traite de la physique des balles, de la forme des raquettes, des dimensions du terrain, de la physiologie et de la psychologie des joueurs, des règles du jeu de tennis. Elle considère la situation tennissive sous son aspect statique, et traite des conditions matérielles et formelles de possibilité de toute situation tennissive.

Mais cela ne suffit pas. Pour comprendre la situation tennissive, il faut la considérer non seulement dans ses constituants élémentaires, mais aussi dans son entier, dans son déroulement, comme un événement qui a lieu et que l'on observe pour ainsi dire dans sa totalité. Pour comprendre la situation tennissive, il ne suffit pas d'étudier un manuel de tennis, ni même d'en écrire un. Il faut regarder des parties de tennis, et si possible y jouer soi-même. C'est là qu'intervient l'approche phénoméniste. L'accent y est mis sur les gestes, sur les tactiques, sur les manières de se tenir sur le terrain, de se conduire avec le partenaire, avec l'arbitre, avec le public. La perspective phénoméniste, on le voit, est dynamique, elle considère la situation tennissive dans son mouvement, elle en examine la *morphologie* externe, elle examine un phénomène, quelque chose qui se passe sous ses yeux, et ne démonte pas une machine dans ses éléments constituants.

La voie analytique est *anatomique*, elle dissèque, alors que la perspective phénoméniste est *physiologique*, elle considère la situation dans son fonctionnement global. Elle l'observe, elle en examine la surface, car c'est la surface de l'événement qui paraît devant nous, elle en examine la morphologie; et non pas les rouages cachés qui la supportent et que l'on retrouve en la disséquant et en l'analysant. Bref, pour comprendre la situation tennissive, je peux la considérer statiquement, sous l'aspect des conditions formelles et matérielles qui la rendent possible: et c'est à cela que se consacre l'approche analytique. Je peux aussi la considérer dans sa dynamique, dans son effectuation, comme un événement qui se réalise: et c'est à quoi s'attache l'approche phénoméniste. En reprenant des notions mises en valeur par Chomsky, on peut dire que l'approche analytique étudie la compétence de la situation — ce qui la rend possible —, tandis que l'approche phénoméniste en examine la performance — ce qui a effectivement lieu.

Revenons à la situation cognitive, et voyons comment ces deux approches s'y rapportent. La voie analytique que suivent les sciences cognitives actuelles est incontestablement un succès. J'entends par là que, malgré les difficultés, les échecs, les espoirs déçus, la voie analytique ne mène pas à une impasse, elle est, au contraire, ouvrante et féconde. Des travaux remarquables ont été faits en psychologie cognitive, en Intelligence Artificielle, en neuro-sciences, qui débouchent sur des avancées réelles dans la compréhension des mécanismes de la cognition. Cette analyse en profondeur des mécanismes mentaux et formels de la pensée est indispensable pour modéliser l'activité cognitive, et éventuellement la transcrire dans des programmes d'ordinateur. Vue sous cet angle, il est certain que l'approche analytique à la situation cognitive est féconde et efficace: pour écrire un programme, il faut atomiser, linéariser, le matériau cognitif que l'on veut transcrire dans ce programme.

Mais cela ne suffit pas. L'approche analytique étudie la compétence de la situation cognitive, mais ne traite pas de la performance qui, elle, relève de la perspective phénoméniste. Depuis l'avènement de la science moderne, nous avons été poussés à considérer que les explications en profondeur, qui démontent les éléments et les combinaisons d'éléments, sont meilleures, plus complètes, plus adéquates, que les explications d'un autre type, qui font figure d'explications de surface: un peu comme si l'anatomie avait toujours raison par rapport à la physiologie.

Soit une voiture. Bien sûr, par une analyse en profondeur, je peux connaître chacun des sous-systèmes qui la composent, leur fonctionnement, et leur manière de coopérer en vue du fonctionnement de la voiture tout entière. Mais cela ne suffit pas pour comprendre ce qu'une voiture est capable de faire, comment elle tient la route, comment elle réagit aux sollicitations du conducteur. L'analyse en profondeur de la voiture met en lumière la compétence des divers sous-systèmes qui la constituent et qui en rendent possible le fonctionnement; mais ce sera une description phénoméniste, attentive à ce qui se passe sous nos yeux et sous nos mains, qui nous permettra de comprendre ce que c'est qu'une voiture qui roule, qui freine, qui se gare. La description phénoméniste de la voiture nous permettra d'en comprendre la performance.

C'est au niveau de la performance da la situation cognitive que je m'attache ici, c'est ce niveau que je veux décrire. Ce n'est pas le savoir en soi qui m'intéresse ici, mais le savoir en situation, ce qu'il se passe quand on sait: le savoir comme activité, comme événement, le savoir dans une situation cognitive. Bien sûr, toute situation cognitive est tenue par dessous par des mécanismes cognitifs qui la rendent possible, et qui l'expliquent sous l'aspect de sa compétence *matérielle*; mais cette explication analytique n'est pas suffisante, car elle n'arrive pas à intégrer les variations de la performance autrement que comme des effets directement induits de la compétence. Les sciences cognitives actuelles, qui sont très à l'aise dans l'atomisation et la linéarisation, repoussent l'explication intégrante, dont elles-mêmes reconnaissent la nécessité, à un avenir meilleur, quand on en saura plus, bref aux calendes grecques.

Une situation cognitive, considérée dans son intégralité, prend son sens par rapport au milieu dans lequel elle se déploie — tout comme une table, explicable en termes de physique et de chimie, prend son sens en termes d'usage, de matériau, de forme, de valeur. Il y a intérêt à connaître les règles de fonctionnement de la machine cognitive et ses rouages; mais la machine en situation est plus riche que ce qui la constitue, et surtout elle fonctionne sur un autre plan. Si on considère la situation cognitive comme un phénomène, on peut l'observer et la traiter de l'extérieur, en l'éclairant d'une façon qui la transforme sans la disséquer. C'est à partir d'une approche phénoméniste et intégrante que ce livre va observer la situation cognitive, et la manipuler pour mieux l'observer.

Comment réalise-t-on pratiquement cette approche phénoméniste? En poursuivant la métaphore de l'automobile, il ne s'agit pas de se faire l'ingénieur de la situation cognitive, mais de s'en faire le concepteur. L'ingénieur met la voiture à plat, il la dissèque, la linéarise, la reproduit, sous-système par sous-système; et c'est ainsi qu'il la connaît, qu'il la comprend, qu'il l'explique, qu'il la transforme. Le concepteur, lui, regarde la voiture de l'extérieur, dans sa performance, comme une entité en mouvement, et aussi comme une idée à réaliser. En concevant une voiture, il joue avec des possibles, il s'essaye à des combinaisons diverses, il est ouvert à des voitures possibles, il comprend chacune d'elles comme une virtualité. Puis lui, une voiture est un phénomène à observer et éventuellement à réaliser. C'est en partant de la performance qu'il désire — de la voiture de ses rêves — qu'il fait appel à la compétence, à l'ingénieur qui lui dit si sa conception est réalisable.

Une approche phénoméniste aux problèmes de la cognition examinera la situation cognitive dans ses surfaces virtuelles. La situation cognitive est considérée ici comme un phénomène mental, un objet idéel sur lequel je peux agir idéellement, par des pressions, des insistances, des relâchements de telle ou telle de ses articulations. Je joue avec l'objet idéel *la situation cognitive*, comme le concepteur joue avec l'objet idéel *la voiture qu'il veut construire*, en fonction de certaines idées, de certaines intentions, de certaines contraintes. Il s'agit à la fois de décrire un phénomène, et de le mettre idéellement à l'épreuve, de le faire varier en étant tenu par les invariants qui le spécifient; il s'agit de pousser l'objet idéel *la situation cognitive* à bout, voir jusqu'où vont les limites de sa résistance, voir à quel moment il craque et cesse d'être soi-même.

En considérant *la situation cognitive* comme un objet idéel souple, je me propose donc de peser sur tel ou tel de ses constituants, à la manière de la pression que j'exerce sur un objet matériel solide mais non rigide, en l'étirant, en le comprimant, en le déformant, sans pour autant le détruire, sans lui faire perdre sa spécificité. Il s'agit d'infléchir la situation cognitive dans des directions diverses, pour voir ce que cela donne. Pour cela, je vais me livrer à une série de *Gedankenexperimente*, d'expérimentations dans la pensée, afin de mettre à l'épreuve les articulations fondatrices de toute situation cognitive. Et donc jouer avec l'idée de sujet connaissant, que ce soit en l'amplifiant jusqu'à inclure en elle tout ce qui est, ou en la rétrécissant jusqu'à ce qu'elle s'évanouisse; en faire de même avec l'objet de savoir; faire varier le concept de savoir dans ses modalités et dans ses expressions; bref, mettre la situation cognitive à la question, et l'observer dans ses états les plus extrêmes.

La situation cognitive et la philosophie

La théorie derrière cette méthode de radicalisation est simple: pousser à bout les articulations porteuses de la situation cognitive, pour voir comment celle-ci, ainsi malmenée, est amenée à se rééquilibrer. La pratique est moins évidente: comment opère-t-on ces étirements idéels, comment les formule-t-on, comment passe-t-on du plan abstrait de l'intention théorique au plan concret de l'illustration? C'est là que la philosophie, plus précisément le corpus philosophique, vient à mon secours. En effet, quand on la considère comme l'espace de déploiement des *vérités* qui ne sont tenues que par leur logique interne, la philosophie — surtout dans ses *exagérations* métaphysiques — se révèle comme le lieu naturel des expériences de pensée, des expérimentations de l'esprit, le lieu où l'on pousse les idées à la limite. C'est dans la réserve que constitue l'ensemble des doctrines métaphysiques que se trouvent, à mon avis, les meilleures illustrations de cette mise à l'épreuve radicale.

Un bon précédent de cet usage du corpus philosophique se trouve dans les sciences cognitives elles-mêmes. La plupart des exposés théoriques sur les sciences cognitives (on trouvera à la fin de ce chapitre quelques indications bibliographiques) commencent par un bref survol historique, et ce sont des philosophes — Platon, Aristote, Descartes, Hobbes, Locke, Leibniz, Kant, et d'autres —, qui font figure de grands ancêtres de l'approche analytique aux problèmes de la cognition. Et cela n'a rien d'étonnant, puisque c'est dans le cadre de l'activité philosophique qu'ont longtemps été étudiés les problèmes que pose le savoir. Toute approche au savoir, dès qu'elle cherche à se situer dans le temps de son développement, se rattache nécessairement au cadre idéel que lui a procuré la culture philosophique.

Illustrons cela par un exemple. On comprend le choix d'ancêtres que se donnent les sciences cognitives actuelles à la lumière de l'idée directrice de ce courant de pensée, qui peut se dire de la manière suivante : l'esprit humain, dans son activité cognitive, fonctionne comme une machine (à calculer). Avec l'avènement de l'ordinateur, cela se dit d'une manière plus radicale : sous l'aspect de son fonctionnement cognitif, l'esprit humain est une sorte d'ordinateur. Pour comprendre l'intérêt que présente la culture philosophique par rapport à cette conception de l'esprit humain, arrêtons-nous sur deux grands ancêtres, sur Descartes et sur Hobbes — et l'on verra comment la tradition philosophique fonde et justifie par l'exemple, des thèmes actuellement vivants dans les sciences cognitives.

Partons donc de la philosophie de l'esprit de Descartes. Pour celui-ci, l'esprit humain, l'âme, est une substance séparée du corps, qui fonctionne indépendamment de lui, mais de manière miraculeuse en parallèle avec lui, par l'intermédiaire de la glande pinéale. Voilà la théorie, et voilà le problème : comment l'âme peut-elle agir sur le corps et vice-versa, alors qu'il s'agit de deux substances radicalement séparées. Cette âme qui fonctionne selon ses règles propres, qui est autonome, est aussi l'âme en relation *pinéale* avec le corps, elle agit sur lui et est agie par lui. D'une part, un aspect formel de fonctionnement ; de l'autre, un aspect *matériel* de réalisation effective. L'important à constater est que, par delà le parallélisme âme/corps, le jeu interne des idées et des représentations permet de considérer l'activité mentale de l'esprit humain comme détachée du corps que cet esprit considère comme le sien — tout comme le déroulement d'un programme d'ordinateur est distinct de l'ordinateur matériel sur lequel il se *réalise*, bien qu'il soit tenu par lui ou par un autre pour sa réalisation effective.

Vu sous la double perspective de l'autonomie *formelle* de son fonctionnement mental — l'esprit comme substance séparée —, et de la dépendance *matérielle* de ce fonctionnement pour qu'il puisse se réaliser effectivement — la mystérieuse liaison *pinéale* qui lie l'âme au corps —, le dualisme cartésien âme/corps sert de première approximation, voire de modèle idéel, pour le dualisme (non-substantiel) programme/machine, pour la dualité logiciel/matériel. Un programme, considéré comme une âme non-substantielle, qui peut se réaliser dans des corps différents — tout le *programme* de l'I.A. est là, dans cette coupure méthodique entre le *mental* du programme et le *corporel* de l'ordinateur, sans qu'il y ait entre eux distinction de substances mais uniquement distinction de fonction. Le dualisme cartésien sert de garant philosophique au fonctionnalisme cognitif — et par *fonctionnalisme cognitif* j'entends toute théorie selon laquelle le fonctionnement *mental* est autonome, et peut être étudié de manière autonome, sans se référer au support matériel par le moyen duquel il se réalise.

L'autre aspect de la pensée de Descartes qui sert de vecteur directeur surtout en psychologie cognitive et en I.A., part de la problématique du doute hyperbolique. Comme on s'en souvient, seule la bonté divine réussit à me faire sortir du solipsisme auquel mon doute m'a entraîné, en m'assurant de l'existence *réelle* du monde extérieur, et de la correspondance *vraie* entre ce qui est et ce que je sais sur ce qui est. Si pour une raison ou une autre, je ne veux pas user de la bonté de Dieu, rien ne m'empêche d'examiner mon activité mentale de l'intérieur uniquement, en la distinguant de ce qui la rend possible matériellement (neurones, rouages, circuits électroniques), et de ce qui lui sert de contexte matériel et socio-culturel. Il est ainsi possible d'étudier l'activité mentale — surtout cognitive — en soi, dans ses aspects formels, syntactiques, sans avoir à s'interroger sur la *réalité* du monde extérieur. Ce fonctionnement intérieur qui, hier encore, au temps glorieux du behaviorisme, n'était qu'une boite noir dont on ne pouvait rien savoir, devient maintenant le principal objet d'intérêt et d'étude.

En partant ainsi du Descartes de l'âme séparée, coupée de son corps et du monde, en passant par la monade de Leibniz sans fenêtres sur l'extérieur, on aboutit à ce que depuis Carnap, et surtout avec Fodor, on nomme le solipsisme méthodologique (Jerry Fodor, « Methodological Solipsism considered as a Research Strategy », in *Cognitive Psychology* 1980, repris in J. Haugeland ed. *Mind Design* 1981 pp. 307-338) qui consiste à étudier l'esprit humain dans son activité mentale, en le séparant méthodologiquement aussi bien de ses fondements biologiques que de son contexte de déploiement socio-culturel ; et donc à examiner l'esprit humain de l'intérieur, dans sa forme, dans sa *modularité*, dans ses règles de fonctionnement, et si possible dans la cohérence de ce qu'il a à dire ; à la limite, en dépassant la barrière syntactique pour découvrir le sémantique inné. Quelle victoire pour Descartes : ce sont des idées innées, syntactiques et sémantiques, qui se mettent à envahir notre univers mental.

De l'héritage de Descartes, passons à l'apport de Hobbes. Tout tourne autour des premiers paragraphes du chapitre 5 de la première partie du *Léviathan* (1651), « Of Reason and Science ». Hobbes y introduit l'idée de la calculabilité de la pensée, en posant que « Reason... is nothing but reckoning », « raisonner n'est rien d'autre que calculer ». Pour Hobbes, l'esprit humain ne peut se livrer qu'à deux genres d'opérations, percevoir et raisonner ; et raisonner, c'est calculer, c'est ajouter ou retrancher, pour aboutir en fin de compte à un résultat qui est la conséquence du raisonnement. « Quand un homme raisonne, il ne fait que concevoir une somme totale par l'addition d'éléments (*parcels*) ; ou concevoir un reste (*remainder*) par la soustraction d'une somme de l'autre... Ces opérations ne se rapportent pas seulement aux nombres, mais à toutes sortes de choses qui peuvent être ajoutées l'une à l'autre, ou retranchées l'une de l'autre ».

Puis Hobbes passe en revue ceux qui raisonnent de la sorte, les arithméticiens bien sûr, mais aussi les géomètres, les logiciens, les législateurs, les juristes, et il conclut : « En somme, dans toute matière dans laquelle il y a lieu d'ajouter ou de retrancher, il y a lieu de raisonner ; et là où ce n'est pas le cas, la raison n'a rien à faire ». Bref, la pensée humaine, le raisonnement, est une sorte de calculation — inconsciente le plus souvent — qui use d'opérations formelles, l'addition et la soustraction (la multiplication étant pour lui une espèce d'addition, et la division une espèce de soustraction), sur des symboles de qualité diverse, des nombres, des figures, des propositions logiques, des règles politiques, des lois. Ces symboles, emmagasinés (matériellement ?!) dans l'esprit humain, ont en commun d'être manipulables par ces opérations, et donc d'être computables. Mais s'il en est ainsi, si penser c'est calculer, seul ce qui est calculable peut être traité dans le cadre d'une science de la cognition. Ce qui ouvre une question corollaire et cardinale : peut-il y avoir de la pensée non-calculable, y a-t-il du non-calculable qui soit du domaine de la pensée ?

Cette idée de la computabilité de l'activité cognitive est fondamentale dans les sciences cognitives actuelles. C'est parce que l'on pose que la pensée est une opération de computation, qu'il est possible de l'analyser, d'écrire des programmes qui la simulent, des programmes *intelligents*, qui sont supposés reproduire les raisonnements humains. Là, la comparaison entre humains et ordinateurs prend toute sa force et son sens. L'importance des recherches en I.A. pour la psychologie cognitive se fonde sur l'idée qu'une théorie de l'intelligence humaine doit être compatible avec une théorie de la computation des opérations mentales et du traitement de l'information.

Bref, Descartes et Hobbes sont consonnants à deux aspects essentiels des sciences cognitives actuelles. D'une part, le fondement fonctionnaliste pose l'existence d'un domaine autonome de l'activité mentale, qui ne se confond pas avec le support *matériel* dans lequel cette activité se réalise, sans pour autant poser l'existence d'une substance mentale séparée. D'autre part, le fondement computationnel pose la possibilité pratique de computer la pensée, et donc de linéariser l'activité mentale — d'un point de vue formel et syntactique d'abord, et peut-être même d'un point de vue sémantique. On constate ainsi que des thèmes philosophiques classiques se retrouvent au fondement de l'armature idéelle sur laquelle s'appuient les sciences cognitives dans leur approche analytique de l'activité cognitive.

Pour l'approche analytique à la situation cognitive, les philosophes font ainsi figure de grands ancêtres, de préalables, de précurseurs. Dans la perspective phénoméniste, qui va être celle de ce livre, le corpus philosophique a plutôt une fonction de magasin d'idées. L'usage de la philosophie n'y est pas historique, mais illustratif. Je considère le corpus philosophique comme une donnée en quelque sorte synchronique dans laquelle je puise à ma convenance pour illustrer tel aspect, telle articulation, telle transformation de la situation cognitive. Le corpus philosophique me donne les moyens de jouer sur les possibles, de vérifier des hypothèses sur la situation cognitive, en les incarnant dans des thèmes philosophiques dont je dispose déjà et en les poussant à bout: que l'on pense au rôle que peuvent jouer l'Intellect Agent d'Averroës, la monade de Leibniz, le sujet transcendantal de Kant, pour illustrer le passage à la limite de l'idée de sujet connaissant.

Les métaphysiciens, on le sait et beaucoup le leur reprochent, sont plus libres que d'autres de leurs mouvements idéels. Ils sont plus radicaux, ils vont plus loin, ils ne semblent pas tenus par ce qui (nous) paraît être la (notre) réalité. Mais en fait, leurs inventions idéelles ne sont jamais arbitraire; à l'horizon de leur réflexion, ils gardent un sens et une perception de la réalité qui s'impose à eux, et par rapport à laquelle ils élaborent leurs théories. A partir de données qui leur paraissent à la fois incontestables et incontournables, ils vont jusqu'au bout de leur pensée, pour voir. Ils expérimentent dans la pensée, ils font des *Gedankenexperimente*. Ainsi il faut avoir l'audace de poser l'existence d'un Intellect Agent unique pour l'humanité toute entière. De même, pour un homme aussi extraverti que l'était Leibniz, c'est aller à l'encontre de son tempérament, que de poser l'existence de monades fermées sur elles-mêmes, qui ne peuvent communiquer entre elles. Sous cet aspect, les métaphysiciens sont des aventuriers de l'esprit, des explorateurs et des *inventeurs* de mondes d'idées, des êtres audacieux, qui n'ont pas peur d'aller jusqu'au bout de leur pensée.

C'est cette force d'invention, cette audace avec laquelle ils proposent des *solutions* idéelles aux problèmes qui se posent à eux, qui me les rend utiles pour cet examen de la situation cognitive. J'ai parlé de radicaliser la situation cognitive, c'est-à-dire de jouer idéellement sur ses articulations, de les pousser à la limite, de les mettre dans des situations *métaphysiques* pour voir ce que cela donne; et donc de me livrer sur elles à des expériences de pensée. Là, interviennent la richesse et la diversité des options idéelles que proposent les méthaphysiciens. La culture philosophique est ce dont je dispose pour avancer dans mon entreprise. L'apport des philosophes, des métaphysiciens, éclairera les hypothèses que je veux vérifier, en me proposant des court-circuits qu'ils ont déjà explorés — et je leur en sais gré.

INDICATIONS BIBLIOGRAPHIQUES

Pour introduire à la problématique des sciences cognitives, voici quelques ouvrages récents:

Daniel Andler, «Le cognitivisme orthodoxe en question» in *Cahiers du CREA* n° 9, *Cognition et complexité*, 1986, 254 p. (pp. 7-106).

Hubert Dreyfus, *What Computers can't do* 2e ed. 1979, Harper and Row, 354 p. (traduction française: *Intelligence artificielle — mythes et limites*, Flammarion, 1984).

Howard Gardner, *The Mind's new Science — a History of the Cognitive Revolution*, Basic Books, New York, 1984 (nouvelle édition 1987, 430 p.).

John Haugeland ed., *Mind Design — Philosophy, Psychology, Artificial Intelligence*, MIT Press, 1981/1985, 368 p.

Jean-Louis Le Moigne ed., *Intelligence des mécanismes, méca-*

nismes de l'intelligence (Intelligence Artificielle et Sciences de la cognition), Fondation Diderot/Fayard, 1986, 363 p.

Pierre Levy, *La Machine-Univers - création, cognition et culture informatique*, La Découverte, Paris, 1987, 240 p.

Neil A. Stillings, *Cognitive Science — an Introduction*, MIT Press, 1987, 533 p.

Francisco Varela, *Connaître (Les sciences cognitives, tendances et perspectives)*, Le seuil, 1989, 123 p.

CHAPITRE 2

LES ARTICULATIONS DE LA SITUATION COGNITIVE

Le sujet connaissant

Il y a situation cognitive quand quelqu'un sait quelque chose, c'est-à-dire quand un sujet connaissant est en relation de savoir avec un objet de savoir. On est donc en présence de trois articulations principales, le sujet connaissant, l'objet de savoir, et le savoir qui relate le sujet à l'objet. Bien entendu, cette distinction est trop rigide, et je l'emploie ici pour des raisons de méthode afin de faciliter l'exposé. En soi, les situations cognitives concrètes sont bien plus complexes et plus difficiles à traiter. Mais dans toute situation cognitive, au sens où je l'entends ici, il y a un sujet connaissant qui est apte à mener à bien une entreprise cognitive, il y a un objet de savoir qu'il vise, et il se trouve en relation de savoir avec cet objet.

Commençons par le sujet connaissant. Deux directions de problèmes se présentent, l'une qui a trait à son existence, et l'autre à ses capacités cognitives. Quelles sont les contraintes sur son existence? Dans le contexte culturel cartésien qui est le nôtre, nous considérons comme évident que dans chaque situation cognitive, il existe un sujet connaissant, qui sert de point de départ et de centre de référence: je sais, donc je suis — ce qui peut aussi se dire; il faut que je sois pour être apte à savoir. Pas de situation cognitive sans l'existence d'un sujet connaissant propre à cette situation. En effet, dans le contexte des situations cognitives, le savoir ne subsiste jamais de manière autonome; et ce n'est que par contamination que l'on parle du savoir renfermé dans les livres. En soi, le savoir est une manière d'être humaine, une manière pour les êtres humains d'être en relation avec leur monde, le produit d'une aptitude et d'une attitude de l'homme par rapport à ce qui est (pour lui). La situation cognitive, avec ce qu'elle contient d'activité, de spontanéité, de verbalité, est spécifiquement humaine: des situations qui ont trait au *savoir* des animaux, des machines, de Dieu, ne sont cognitives que par analogie. Sans humains, pas de situations cognitives.

L'existence du sujet connaissant ne peut être considérée comme séparée de sa nature. Quand je dis qu'un sujet connaissant existe, j'entends par là qu'existe une entité qui possède la nature de sujet connaissant, qui en possède les capacités: et cette entité est nécessairement un être humain. Dès l'abord je pose l'existence d'une entité dont je présume la nature, je pose l'existence du sujet connaissant comme fondant a posteriori la possibilité de l'effectuation de situations cognitives. Sur cette affirmation d'existence se greffent deux croyances idéelles: a) *je* est un sujet connaissant, b) en plus de *je*, il existe d'autres sujets connaissants.

Je est un sujet connaissant, puisque je suis un sujet connaissant, puisque je possède une capacité cognitive, tout comme je possède une capacité digestive et une capacité reproductrice. Je comprends le *je* de la situation cognitive, car je le conçois à mon image, car je me reconnais en lui dans les situations cognitives concrètes dans lesquelles je me trouve. Mon existence est la meilleure preuve (pour moi) de l'existence d'au moins un sujet connaissant, *je*: c'est par extension à partir de moi-même que j'envisage comme allant de soi l'existence d'un sujet connaissant. Je suis, j'existe, je suis le sujet connaissant d'une situation cognitive: donc il existe un sujet connaissant, et peut-être même en existe-t-il plus d'un. Dans cette perspective, l'existence d'un ou de plusieurs sujets connaissants est directement liée à mon existence propre, moi sujet des situations cognitives dans lesquelles je me souviens m'être trouvé. On retrouve ici l'essentiel de la démarche cartésienne.

Cependant, cette existence d'un *je* de toute situation cognitive, ne puis-je la remettre en question en interrogeant sa continuité dans le temps? Je pense ici à l'approche des atomistes musulmans du Moyen-Age (surtout Al-Ashari, xe s.), reprise par Descartes sous la dénomination de *création continuée* (cf. *Méditations* III A.T.38-39) , et selon laquelle Dieu crée le monde à nouveau à chaque instant. En effet, dans un tel monde de la création (dis)continuée, il n'y aurait pas en principe de *je* continu qui fasse liaison entre passé et futur par le passage au présent; et il n'y aurait pas de continuité entre *je* et les autres *je*. Seule l'action divine serait permanente, serait continue, seule elle subsisterait par-delà le temps morcelé en instants; et c'est la bonté divine qui nous donnerait l'illusion d'une continuité causale, d'une cohérence dans ce qui n'est *réellement* qu'une suite de créations instantanées et discontinues. Ce monde serait donc un monde sans *je*, puisque *je* est (pour moi) ce qui retient, ce qui stabilise, le flux de mes impressions, de mes sensations, de mes émotions, de mes actions. Cependant, et c'est là l'objection principale contre cette hypothèse si outrée, il me reste l'illusion de *je*, et cette illusion suffit à rendre à *je* toute sa force d'imposition et d'évidence. Il se peut qu'à chaque instant, *je* sois créé à nouveau: mais moi *je* ne m'en rends pas compte, pour moi *je* suis continu — et si *je* change, c'est dans le cadre de cette continuité de *je*.

Une remise en cause du *je* de la situation cognitive moins radicale et plus efficace consiste à s'interroger non pas sur l'existence d'un *je* comme présent continu, mais plutôt sur son autonomie cognitive. Je pense ici au concept d'Intellect Agent, tel qu'il a été élaboré par le commentateur d'Aristote, Alexandre d'Aphrodise, puis repris et amplifié par al-Farabi (xe s.), Ibn-Sina (Avicenne, xie s.) et Ibn-Rushd (Averroes, xiie s.). L'idée est qu'il n'y a qu'un seul intellect commun à tous les êtres humains; et que chaque individu n'a en propre qu'un intellect en puissance, qui sous l'action de cet Intellect Agent, passe de la puissance à l'acte. Selon une autre version, dans chaque âme humaine se trouve une parcelle détachée d'un intellect universel, qui est l'Intellect Agent. Celui-ci joue par rapport à l'intellect humain le rôle de révélateur que joue la lumière par rapport aux couleurs. C'est dire que chaque humain en son activité cognitive est lié à un sujet connaissant unique, l'Intellect Agent, par le moyen duquel les impressions perçues par l'intellect passif qui est en chacun de nous sont filtrées, organisées, analysées, catégorisées, en un savoir vrai.

Il est intéressant de constater combien ce thème de l'Intellect Agent est proche du concept de *sujet transcendantal* que Kant développe dans la *Critique de la Raison Pure*. Kant pose, lui aussi, que tous les esprits humains, par-delà leur diversité idiosyncratique, possèdent un même ensemble de capacités cognitives, de principes logiques et gnoséologiques, une même structure cognitive. C'est justement parce qu'il en est ainsi qu'il est possible d'envisager une science de la cognition. L'homme est *naturellement* connaissant, la cognition fait partie de sa nature tout comme la respiration et la digestion. A la limite, cela revient à poser — anachroniquement bien sûr — que pour Kant comme pour Ibn-Rushd, et bien d'autres aujourd'hui, les lois logiques tout comme les capacités cognitives sont cablées dans l'esprit humain (dans le système neuronal humain), à la manière dont les conduites instinctuelles sont cablées dans le système neuronal d'animaux à instincts. Une table immuable des catégories de l'entendement, les lois immuables de la logique n'équivalent-elles pas à un cablage neuronal?

Avec pourtant une différence fondamentale entre la position d'Ibn-Rushd et celle de Kant. Dans la théorie de l'Intellect Agent, on se trouve dans une position ontologique à connotation épistémique, une affirmation sur le mode d'être de la partie connaissante de l'esprit humain, sur son insertion dans l'Intellect Agent qui les réunit, et rend chaque âme individuelle capable d'atteindre des connaissances vraies. Par contre, le concept kantien de sujet transcendantal désigne une position ontologique à connotation psychologique, puisqu'il s'agit de mettre en lumière les conditions de possibilité du savoir, ou encore comment doit être construit l'esprit humain pour être apte à percevoir son monde et à le connaître. La position kantienne ne remet pas en cause l'existence d'un *je* personnel, elle lui attribue une caractéristique générale que l'on retrouve dans tous les *je* particuliers: caractéristique qui est fondée sur l'hypothèse que pour atteindre les mêmes savoirs, les mêmes résultats cognitifs, les *je* doivent être en possession des mêmes facultés cognitives. Tous les *je*, dans la mesure où ils fonctionnent comme des sujets connaissants, sont semblables puisqu'ils fonctionnent de la même manière et aboutissent à des résultats cognitifs semblables.

Face à cette position kantienne d'un sujet connaissant dont l'universalité transparaît à travers les idiosyncrasies des sujets individuels, le relativisme pose l'existence de types divers de sujets connaissants, qui se distinguent non seulement par leur méthode de savoir, mais aussi par leurs capacités cognitives, et même pour certains (Whorf par exemple), par les règles logiques qui régissent leurs raisonnements et leurs appréciations: cette distinction entre types de sujets connaissants étant commandée par la distinction entre les diverses cultures, qui sont considérées comme incommensurables entre elles, comme incapables de communiquer entièrement, sans reste, l'une avec l'autre. Il y aurait ainsi une multiplicité de *je* des situations cognitives qui ne se ressemblent entre eux que vaguement, sans les spécifications communes que possèdent les sujets connaissants kantiens.

Voilà donc deux points de vue sur le fonctionnement cognitif de l'esprit humain. D'une part la position kantienne qui part du principe qu'il n'y a qu'un seul savoir, qu'il n'y a qu'une manière de percevoir et de connaître le monde — une seule logique, une seule géométrie, une seule physique — position qui, comme on le sait, a été ébranlée peu de temps après avoir été énoncée. Tous les sujets connaissants, tous les *je* des situations cognitives sont, sinon identiques tout au moins semblables dans leur fonctionnement cognitif. Les mêmes processus cognitifs se retrouvent chez tous les humains (mâles, adultes, occidentaux, en bonne santé!!): d'où la possibilité de connaître et de présenter les catégories de l'entendement et les principes logiques (Kant), le développement épistémique graduel (Piaget), la compétence langagière innée, cablée (Chomsky).

L'autre approche conçoit l'activité cognitive des hommes comme tenue par la société dans laquelle ils vivent, par la culture dans laquelle ils se déploient. Il est vrai que tous les humains ont des données biologiques communes: mais l'activité cognitive n'est pas uniquement un processus psychophysiologique gouverné par des lois cognitives *naturelles* et universelles. La cognition est une manifestation sociale tenue par des cadres culturels dans lesquels les humains naissent, développent des capacités cognitives, acquièrent des automatismes de pensée, et manifestent leurs aptitudes cognitives. Le sujet connaissant n'est plus simplement l'humain qui connaît, mais le membre de telle ou telle culture, qui a appris à penser dans un cadre culturel donné, et à un moment donné de l'histoire de cette culture. Entre le sujet connaissant universel sur le modèle kantien, et les sujets connaissants purement idiosyncratiques — dont je vais parler, et pour lesquels le problème de la communication intersubjective est crucial —, on a à faire ici à des sujets connaissants *culturels*, qui sont catégorisés selon les diverses cultures auxquelles ils appartiennent. Il y aurait autant de types de sujets connaissants qu'il y a de cultures diverses: avec les problèmes de typologie et de communication que cela pose.

Avec ces trois positions sur la nature du sujet connaissant, un sujet connaissant *naturel*, un sujet connaissant *culturel*, et un sujet connaissant *idiosyncratique* qui ne ressemble à aucun autre, on se retrouve en pleine controverse de l'inné et de l'acquis. L'alternative, quand on la durcit, se présente de la manière suivante. a) On peut considérer que nos capacités cognitives sont innées et universelles. Elles sont les mêmes chez tous les êtres humains, qui participent tous à la même nature humaine: en termes averroïsants, ils participent tous du même Intellect Agent; en termes kantiens, on retrouve dans chaque esprit humain les mêmes intuitions de la sensibilité et les mêmes catégories de l'entendement. b) On peut considérer que nos capacités cognitives, bien qu'innées, ne sont pas universelles mais idiosyncratiques: tout en étant transmises par naissance, elles dépendent entièrement des mélanges génétiques — ce qui, poussé à bout, conduit à remettre en question l'unité du genre humain, et rejoint la position nominaliste radicale selon laquelle chaque humain est un sujet connaissant à part, seul de son espèce. On est ainsi mené au problème de la communication effective entre humains qui n'auraient rien en commun, ne serait-ce que du point de vue cognitif. c) Enfin on peut considérer que nos capacités cognitives sont acquises, et alors nous naissons — d'un point de vue cognitif tout au moins — comme des tables rases sur lesquelles viennent s'inscrire les impressions de notre environnement physique, psychologique et mental. On remarque que l'*innéisme* n'est pas nécessairement accroché à la thèse de l'unité du genre humain; de même que l'*acquisitisme* n'est pas nécessairement rattaché à la thèse culturaliste.

Chacune de ces positions présente des avantages. Pour Kant comme pour Ibn-Rushd, nous sommes créés aptes à la connaissance — que ce soit par Dieu, ou par une évolution que ni l'un ni l'autre ne connaissaient. Le Dieu qui nous a créés nous a donné les moyens de connaître, et il a donné les mêmes à tous les humains. Telle est en tout cas la position de Kant; pour Ibn-Rushd comme pour un nombre de philosophes médiévaux, un aristocratisme du savoir semble réserver la participation à l'Intellect Agent aux philosophes uniquement, les autres hommes n'étant pas entièrement humains sous ce rapport. Dès lors, il est normal que l'on retrouve en chacun de nous la même empreinte divine, sous la forme d'une même compétence cognitive. Cependant ni l'un ni l'autre ne peuvent ignorer que par-delà la compétence cognitive qui est commune à tous les humains, les performances cognitives, elles, ne le sont pas, et qu'elles semblent bien être tenues d'une part par nos idiosyncrasies, et d'autre part par notre environnement physique et culturel.

De même, quand on pose à la façon de certains empiristes que l'esprit humain est une table rase prête à recevoir les impressions de son environnement, il n'est pas possible d'ignorer que même une table rase doit être couverte d'un enduit pour pouvoir retenir les impressions qui se déversent sur elle, qu'elle doit avoir une capacité d'apprendre et une mémoire, pour apprendre, pour ordonner, pour emmagasiner, pour reproduire ces diverses impressions. C'est dire que même une table rase n'est pas informe, qu'elle possède dès l'abord une structure d'accueil pour les impressions qu'elle retient, un dispositif qui lui permet de déployer son activité cognitive. Pour les deux positions, le problème est le même : comment distinguer l'inné de l'acquis, alors que l'inné ne se manifeste qu'à partir d'instantiations cognitives particulières ; et que l'acquis cognitif ne se constitue que sur fond d'inné, sur fond d'une structure cognitive déjà là, qui permet de retenir et d'ordonner cet acquis, de le mettre en mémoire, de l'employer à bon escient, et de le communiquer à d'autres esprits connaissants, qui sont suffisamment semblables pour que cette communication soit possible.

C'est pourquoi, à l'image *innéiste* de l'homme aux capacités cognitives cablées, et à l'image *acquisitiste* de l'esprit-table rase, je préfère l'image — aussi peu précise soit-elle — de l'homme-système ouvert sur son environnement. En soi, le système est structuré, il possède une forme propre, mais il est suffisamment ouvert pour être infléchi par l'environnement qui agit sur lui. Je ne veux pas rentrer ici dans la problématique du mode d'intégration des données externes par le système ; s'agit-il de représentations internes des données externes, d'une co-variance de l'intérieur en fonction de l'extérieur, d'un calcul interne sur les données externes, d'un réaménagement de l'équilibre interne en réponse à des perturbations externes — chacune de ces options constitue en soi tout un programme de recherches en biologie, en psychologie cognitive, en intelligence artificielle. Quoiqu'il en soit, inné et acquis se mélangent et se maintiennent l'un l'autre. Le système ne subsiste que dans un environnement qui lui donne les moyens de survivre — mais cela en fonction des capacités propres au système pour les intégrer.

L'image du système dans son environnement ne se propose pas de résoudre le problème de l'origine innée ou acquise des capacités cognitives humaines, mais plutôt de le dissoudre. En effet, puisque le système n'est viable qu'immergé dans son environnement, je ne peux jamais l'en séparer entièrement, et je ne peux donc jamais connaître le système et ses capacités cognitives à l'état pur. Bien sûr, il y a de l'inné, le système est structuré de l'intérieur : autrement, il ne serait pas capable d'intégrer les entrées de l'environnement, et de réguler ses propres sorties. Mais à quel niveau ? S'agit-il d'une simple propension à retenir, à ordonner, à mémoriser, à transformer des données physiques en signes mentaux ? S'agit-il de capacités plus élaborées, est-ce que les principes logiques sont inscrits dans le réseau neuronal, est-ce que des règles de grammaire générative sont cablées dans telle ou telle zone cervicale? Questions de première importance, mais qu'il ne semble pas (encore?!) possible de résoudre.

CHAPITRE 3

L'OBJET DE SAVOIR

Toute situation cognitive est transitive: quelqu'un sait quelque chose. Savoir, c'est toujours savoir quelque chose, un quelque chose qui se manifeste de manières diverses. En ce sens il n'y a pas, il ne peut y avoir, de situation cognitive vide, de situation cognitive dans laquelle un sujet connaissant connaîtrait sans qu'il y ait quelque chose à savoir. C'est cet objet de savoir que je cherche à cerner. On retrouve ainsi des problème déjà traités dans la tradition philosophique, mais cette fois à travers leur terreau d'origine, la situation cognitive dans laquelle ils prennent naissance.

Partons donc de la situation cognitive *quelqu'un sait quelque chose*, et pour être plus concret, de ma situation cognitive *je sais quelque chose*. Je sais respirer, je sais que je respire; je sais rouler à bicyclette, je sais montrer comment on roule à bicyclette; je sais lire, je sais l'anglais, je sais lire l'anglais, je sais que je sais l'anglais; je sais aller de ma maison au marché, je sais donner le détail de la route; je sais faire la cuisine, je sais donner des recettes de cuisine. Bref, je sais telle et telle chose, je sais être de telle et telle manière, je sais faire telle et telle chose. Dans chacune de ces situations cognitives, je me situe par rapport à des choses, à des événements, à des concepts, qui tous appartiennent au domaine de ce que je sais: ce sont des objets de savoir. Par *objet* je n'entends pas ici des objets matériels uniquement, mais tout ce à quoi s'applique une situation cognitive.

Dans le contexte de la situation cognitive, l'objet de savoir pose trois genres de problèmes: a) les problèmes qui ont trait au mode d'existence des objets de savoir, b) les problèmes qui ont trait à la connaissabilité des objets de savoir, c) les problèmes qui ont trait à la transcription cognitive, qui est elle-même directement dépendante de la connaissabilité de l'objet de savoir et de son mode d'existence. Dans toute cette recherche, l'objet de savoir n'est pas considéré en soi, mais toujours comme faisant partie intégrante d'une situation cognitive. On ne peut en éclairer la problématique qu'en le référant aux autres articulations de toute situation cognitive: le sujet connaissant qui sert à la fois de centre de pesanteur et de point de référence pour toute situation cognitive, et le savoir qui lie le sujet connaissant à l'objet de savoir.

Je sais bien des choses, et de manière diverse: je connais ma maison, je sais conduire une auto, je sais ce qu'est la racine carrée d'un nombre, je comprends le terme *justice*, je sais communiquer avec autrui, et ainsi de suite. Comme on le constate, les objets de ma connaissance sont de nature diverse. Pour éclairer cette diversité, je vais avoir recours à trois distinctions qui me semblent fécondes dans ce contexte, et qui éclairent la problématique ontologique des objets de savoir: la distinction objet/événement, la distinction intérieur/extérieur, la distinction privé/public — distinctions qui se recoupent et se regroupent dans des situations cognitives concrètes, dans un espace cognitif à trois dimensions.

Objets et événements

D'abord, la distinction objet/événement. En première approximation, un objet est ce qui est, et un événement est ce qui a lieu. En ce sens, par *objet* j'entends non seulement la chaise, la maison, mais aussi le triangle, le nombre imaginaire, l'ensemble infini, la beauté, la justice:

c'est-à-dire tout ce que au niveau de ma perception *naturelle*, je considère comme suffisamment stable pour être descriptible en soi, sans avoir à tenir compte des processus de transformation et de mouvement qui sont inhérents à l'objet ainsi décrit. Ainsi, une chaise est une chaise, et non pas un ensemble de particules qui bourdonnent autour d'une forme idéale, un nombre imaginaire est ce qu'en dit sa définition et son mode de constitution, la justice est la justice (là, les choses se compliquent puisque l'objet se constitue au fur et à mesure que j'en parle).

Un événement est ce qui a lieu, un jeu de football, la conduite d'une voiture, un ouragan, mon angoisse, mon impatience, ma douleur. Un événement a lieu dans le temps, il déploie ses transformations internes dans une durée. Alors qu'un objet donne l'impression de rester stable dans le temps, tout au moins dans un *espace* de temps donné, l'événement a besoin du temps pour exister, pour s'y transformer, il se moule dans le temps et change avec lui. A ce stade, la distinction objet/événement semble claire et nette: d'une part ce qui est stable, les objets; et d'autre part ce qui se transforme, les événements. Bien entendu, la coupure n'est pas si nette. Tous les objets sont soumis au changement. Cela semble évident pour les objets matériels, mais il en va de même pour les concepts, pour les définitions, qui changent avec le temps. D'autre part, tous les événements ont une certaine stabilité, puisqu'autrement je ne saurais rien en dire. Et il y a des événements qui sont des quasi-objets, les transformations astronomiques, le mouvement des aiguilles d'une montre, peut-être aussi l'état de nirvana. Bref la distinction objet/événement renvoie à des tendances, à une tendance vers la stabilité pour les objets, et à une tendance vers la transformation pour les événements.

Intérieur et extérieur

La distinction intérieur/extérieur n'a de sens ici que par rapport à la situation cognitive dans laquelle je me trouve, que par rapport au sentiment que j'ai de ma propre intériorité. Fait partie de mon *intérieur* tout ce avec quoi il me semble être en *contact* direct dans le cadre de ma vie mentale: tout ce par rapport à quoi je suis, comme le dit Descartes (*Méditations* II, 22) «une chose qui pense, c'est-à-dire une chose qui doute, qui conçoit, qui affirme, qui nie, qui veut, qui ne veut pas, qui imagine aussi, qui sent.» Toute mon activité cognitive se situe par rapport à cette intériorité. En effet, qu'il s'agisse de savoir (que), de savoir-être, de savoir-faire (je m'expliquerai par la suite sur ces appellations), tout objet de savoir se trouve en prise directe sur le *je* de la situation cognitive: autrement il n'y a pas de situation cognitive. Tout ce qui (m') est connu est intérieur (à moi), puisqu'il subsiste dans une situation cognitive qui elle-même ne peut subsister que dans un *je*.

Parmi les objets de savoir que connaît le sujet connaissant en son intérieur, il y en a qui ont, qui semblent avoir, des répondants externes, dont l'existence paraît être indépendante de l'existence du *je* connaissant. Il s'agit avant tout du monde de l'espace/temps, du monde des pierres, des arbres, des animaux, des chaises, des villes, des climats, des voyages à la Lune, etc. Mais aussi du monde de mon corps, quand je le situe par rapport au monde dans mon esprit: monde qui répond à mes sensations, monde qui me semble être autre que le *je* que je suis pour moi. Extériorité des objets et des événements qui s'imposent à moi comme m'étant extérieurs — avec d'une part, un *je* qui est le lieu de mon intériorité, et de l'autre, tout ce qui paraît à ce *je* être extérieur à lui et constitue pour lui son monde extérieur.

C'est à partir de cette distinction entre ce qui m'est intérieur, ce qui se passe dans mon esprit, et ce qui m'est extérieur, ce qui est perçu par mon esprit comme extérieur à lui, que se déroule la discussion ontologique classique en Occident entre les tenants d'un *réalisme* qui tient pour réelle l'existence d'un monde extérieur que nous percevons par nos sens, et que nous analysons et connaissons par le moyen de nos facultés cognitives: et les tenants d'un *idéalisme* plus ou moins radical, pour lequel l'existence d'un monde qui serait extérieur et indépendant de notre esprit connaissant n'est qu'une illusion, ou tout au moins une erreur d'appréciation de notre part — avec comme position intermédiaire, épistémologique plutôt qu'ontologique, la position kantienne selon laquelle le monde extérieur existe, mais nous ne pouvons le connaître tel qu'il est en soi; nous ne le connaissons qu'en fonction des moyens cognitifs dont nous disposons.

Ce balancement entre réalisme et idéalisme répond à un thème fondamental de la pensée occidentale, la relation entre l'âme et le corps, sous l'aspect de leur union et de leur séparation. On comprend mieux les ontologies de l'objet de savoir quand on les rattache aux situations-limites de la relation âme/corps. Quand l'accent est mis sur l'existence *réelle* du corps, et que l'âme n'est considérée que comme une fonction du corps — fonction de perception, de cognition, d'intégration, de synthèse — on aboutit à une ontologie réaliste, avec comme position extrême un matérialisme radical sur le modèle de la doctrine d'Épicure. Quand l'accent est mis sur l'existence *réelle*, autonome, de l'âme, et que le corps n'est considéré que comme un phénomène perçu par l'âme en son intérieur, on aboutit à une ontologie idéaliste, avec comme position extrême un idéalisme absolu à la Berkeley.

Entre les deux, il y a une double position d'équilibre. D'une part, la position cartésienne, qui affirme l'existence de deux substances séparées, l'âme et le corps: avec comme problème essentiel la relation à la fois impossible et indispensable entre ces deux substances. D'autre part, la position spinoziste selon laquelle il n'y a entre le corps et l'âme ni séparation substantielle, ni séparation fonctionnelle. Le corps et l'âme comme substances qui semblent séparées ne sont que des représentations, des attributs, d'une réalité plus profonde, de l'unique substance, de la nature-Dieu — que nous ne pouvons connaître qu'après avoir percé le voile d'ignorance et surtout de pseudo-savoir qui nous retient dans ses filets.

Aujourd'hui, tout le monde semble être réaliste. Les sciences de la nature, et à leur suite les disciplines humaines et sociales, fonctionnent toutes à partir de l'hypothèse de l'existence autonome d'un monde extérieur, dont nous faisons partie intégrante. La démarche cartésienne de la mise en doute radicale du monde extérieur n'est pour nous qu'un exercice de style sans teneur réelle. Occidentaux et occidentalisés, nous sommes des réalistes du point de vue de notre relation au monde extérieur, même si nombre d'entre nous retiennent des connotations kantiennes sur l'impossibilité de connaître le monde tel qu'il est en soi, mais uniquement de la manière dont il nous apparaît.

Quelle doit être la relation âme/corps afin que dans une situation cognitive, on aboutisse à une perspective ontologique réaliste? Il faut d'abord que je pose, que je suppose, que mon corps existe réellement, qu'il est matériel, qu'il est un objet de savoir pour la physique, pour la chimie, pour la biologie, pour la médecine. Il faut que je considère mon corps comme étant sous un certain aspect un objet pour moi, sans pour autant me sentir obligé de porter un jugement d'existence sur ce *moi* comme existant indépendamment de mon corps. Connaître mon corps comme un objet de savoir pour moi n'entraîne pas ipso facto l'existence d'une âme séparée qui serait le lieu de cette connaissance. Mon corps étant un objet de connaissance pour moi, il existe pour moi un monde qui m'est extérieur, dont je fais partie à titre de corps, bien que je ne le perçoive que de l'intérieur, par le biais de mes sensations, de mes sentiments, de mes calculs, de mes raisonnements. En d'autres termes, c'est le sentiment que j'ai de mon corps qui me fait accepter d'évidence l'existence d'un monde d'entités qui ne sont pas moi, et dont mon corps fait partie tout en subsistant comme expression de moi.

Dans le contexte de la situation cognitive, la distinction fonctionnelle âme/corps est une manière pour *je* de se dédoubler en sujet/objet en contournant une éventuelle distinction ontologique entre deux substances séparées, pour se maintenir au niveau de la distinction cognitive entre sujet connaissant et objet de savoir. On peut considérer alors la distinction classique âme/corps comme la mise en application de deux points de vue sur ce qui est, le point de vue de *je*, et le point de vue de ce que *je* vise. Vu sous cet angle, on peut dire que le monde extérieur est l'appendice de mon corps, il est la suite de mon corps vers l'extérieur; tandis que le monde intérieur est ce qu'englobe mon âme, mon esprit — sensations, volitions, sentiments, conscience de soi: sans pour autant poser l'existence séparée de l'un comme de l'autre.

Dans cette perspective, l'accent est mis sur le corps et son fonctionnement comme objet de connaissance — tandis que le statut ontologique, et non pas fonctionnel, de l'âme va en s'amenuisant jusqu'à disparaître pour s'intégrer totalement au corps. L'âme — on parlera aujourd'hui plutôt d'esprit, de *mind* — ne désigne plus qu'un fonctionnement particulier du corps — qu'il s'agisse d'activité de neurones, de corpuscules, d'ondes, ou de la toute mystérieuse *émergence*, qui est le fourre-tout de notre ignorance. L'âme est morte, l'esprit est un point de vue fonctionnel sur les activités *supérieures* de notre cerveau. L'âme comme substance séparée n'a été qu'une illusion de soi sur *soi*, d'un soi qui se connaissait mal et ne le savait pas.

En contrepoint à cette position réaliste actuellement prédominante, et comme lui faisant écho, il y a la tentation idéaliste, la tentation husserlienne de l'*égologie*. Bien sûr, j'ai (je suis) un corps; et mon corps prend place dans un monde par rapport auquel il se situe. Mais c'est moi qui connaît mon corps, et le monde de mon corps, qui est mon monde. Quand j'y prête attention, je découvre que tout ce que je connais est en moi: ce que je connais du monde extérieur, ce sont mes sensations, mes raisonnements, mon savoir, et ainsi de suite. Le monde pour moi est ce que je pense du monde. De là à poser la question de l'existence séparée de ce que je ne connais que par ses traces en moi, la distance est courte, mais l'abîme à franchir est profond.

L'idéalisme ne me semble pas constituer une option concurrente à la position réaliste, mais plutôt un aspect complémentaire — qui a trait au savoir que j'ai de moi et de ce qui se trouve en moi. Face à la possibilité d'une connaissance adéquate d'autre chose que moi, que suppose l'approche réaliste — ne serait-ce que dans le cadre d'un savoir unifié pour l'ensemble du genre humain, à la manière dont le conçoit Kant —, il y a ceux qui, comme Husserl, posent l'exclusivité de la connaissance de moi et de mon monde intérieur. Il ne s'agit même pas de mettre en doute l'existence de ce qui n'est pas moi, mais de constater que je ne peux connaître que ce qui est en moi. A la limite, cela revient à poser la possibilité d'une structure cognitive idéaliste qui viserait un contenu cognitif réaliste: c'est en moi, fermé sur moi-même, que je connais ce qui est autre que moi.

Entre ce que je reçoit comme input du monde extérieur, et mon output vers lui, tout se passe en moi, ma perception, mes sensations, ma discrimination, mon analyse des données, mon intégration, ma synthèse, mes réactions. Encadré par l'input de l'extérieur comme amorce, comme mis en route matérielle de mon activité cognitive, et par l'output vers l'extérieur qui est le résultat de cette activité, je suis moi-même retenu dans ma situation cognitive. De part et d'autre, je suis réaliste; en moi-même, je suis idéaliste. Vu de cette manière, l'idéalisme tout comme le réalisme, plutôt que des prises de position ontologiques, sont des perspectives, des mises en place fonctionnelles. Entre l'input et l'output réalistes, je suis idéalistement en moi. Mais alors d'où sais-je qu'il y a un monde extérieur qui agit sur moi et sur lequel j'agis, si je ne peux sortir de moi-même? Question de philosophe, mais question tout de même, que l'on peut négliger, mais non pas abolir, question qui reste là à nous provoquer, à nous narguer.

Dans cette analyse des modes d'existence des objets de savoir, j'ai distingué les objets des événements, et le monde extérieur du monde intérieur. La distinction objet/événement, on vient de le voir, désigne deux modes d'être de l'objet de savoir: un mode plutôt stable, sans tranformation apparente, avec à la limite, des objets matériels dont je peux me saisir, que je peux tenir et déplacer, un mode-objet; et un mode plutôt insaisissable de ce qui a lieu, des mouvements, des processus, des transformations, que je peux observer mais dont je ne peux me saisir qu'en les arrêtant, en les retenant, en les empêchant d'être des événements, en en faisant des objets. C'est cette distinction de modes d'être que j'ai exprimée en disant que l'objet est et l'événement a lieu.

La distinction intérieur/extérieur désigne elle aussi deux modes d'être des objets de savoir: mais cette fois-ci non pas selon leur forme, mais selon leur lieu. D'une part l'existence à l'intérieur du sujet connaissant, l'existence mentale, psychologique; et d'autre part l'existence à l'extérieur du sujet connaissant, existence autonome par rapport à la vie mentale du sujet, l'existence dans l'espace-temps. Bien sûr, cette distinction entre monde intérieur et monde extérieur, je la formule à partir de ce qui se passe dans mon monde intérieur, je pose l'existence du monde extérieur à partir d'évidences et de raisonnements qui sont ancrés dans mon monde intérieur. Il n'en reste pas moins que, à ce stade tout au moins, je pose l'existence réelle et séparée d'un monde extérieur autonome.

Comment se recoupent entre elles les distinctions objet/événement et intérieur/extérieur? Des objets et des événements, on en trouve dans le monde extérieur: des pierres, des chaises, des animaux; et des ouragans, des combustions, de l'érosion. Des objets et des événements, on en trouve aussi dans le monde intérieur: des concepts, des systèmes, des théories; et des sentiments, des volitions, des raisonnements. C'est justement cette diversité de ce qui meuble mon monde intérieur, concepts et théories d'une part, sentiments et volitions de l'autre, qui me mène à envisager la distinction privé/public; et à me demander si en plus du monde extérieur qui contient les objets-événements spatio-temporels, et du monde intérieur qui contient les objets-événements psychologiques, il n'y aurait pas intérêt à poser, à supposer, l'existence d'un troisième monde, ni intérieur, ni extérieur, un monde des objets idéels, un monde des idées, des concepts, des théories.

Privé et public

Venons-en donc à la distinction privé/public. D'une manière très simplifiée je dirais que dans le cadre de ma vie mentale, est privé ce qui se trouve en moi et ne peut en sortir; est public ce qui se trouve en moi et peut en sortir — avec comme question corollaire: si quelque chose de mental peut sortir de moi, où va-t-il? En d'autres termes, parmi les objets et les événements mentaux que je trouve en moi, il me semble qu'il y en a certains que je peux *sortir* de moi, et ceux-là sont dits publics; et d'autres qui n'ont d'existence qu'en moi, qui ne peuvent exister hors de moi, et ceux-ci sont dits privés. Par *sortir de moi* j'entends *communiquer*, *faire savoir* à d'autres sujets — ce qui suppose l'existence autonome d'autres sujets que moi. En construisant la distinction privé/public à la lumière de la distinction intérieur/extérieur, je suis conscient du fait que l'existence possible du phénomène public est fondée sur mon intuition privée, tout comme l'existence possible du monde extérieur est fondée sur mon intuition intérieure.

Est privé ce que je ressens en moi et que je ne peux communiquer à autrui; est public qui est mental et communicable. Le couple privé/public appartient au monde intérieur, au monde mental, d'abord au mien, et ensuite à celui d'autres sujets qui possèdent leur propre monde intérieur et dont je suppose l'existence — car sans cette suppotion, l'idée de mental public n'aurait pas de sens. Il me semble qu'il y a du privé en moi dans la mesure où je trouve en moi des événements mentaux, des objets mentaux, que je ne peux communiquer à autrui, telles ma douleur, mon angoisse, mon exaltation — ce qui ne m'empêche pas d'en parler, de les désigner, de les cerner, de les décrire, de les expliquer; c'est-à-dire de les rendre *partiellement* publics, puisqu'est public tout ce qui est communicable par le moyens de signes, et surtout par le langage. Dans mon expérience vécue, il y a des aspects publics qui sont communicables, et dont l'évocation permet à l'auditeur de la vivre ne serait-ce que par procuration et de manière atténué: car je pars de la supposition que mon auditeur est capable de vivre les même expériences que moi.

En considérant la distinction *communicationnelle* privé/public à la lumière de la distinction *formelle* objet/événement, on constate qu'en général, si ce n'est toujours, le mental privé est fait d'événements mentaux, de choses qui ont lieu, sensations, sentiments, désirs; tandis que le mental public est constitué d'objets mentaux, d'objets idéels, concepts, idées, théories, etc. Cependant, de même que le privé n'est pas absolument privé, dans la mesure où je peux en parler, de même le public n'est pas entièrement public. Bien sûr, il y a des objets idéels qu'il me semble pouvoir transmettre sans reste, tels des concepts scientifiques, des définitions, des termes techniques. Cependant, la plupart des objets mentaux publics ne sont pas aussi nettement délimités, et ne sont donc transmissibles que dans les limites de l'imprécision qui leur est inhérente. Ainsi, le plupart des gens semblent comprendre ce que j'entends par *masse*, par *justice*, par *rationalité*: cependant, il me semble bien que nous n'arrivons que rarement, si jamais, à un accord public parfait sur le sens de ces objets idéels, qui contiennent en eux des connotations privées qui les marquent de manière indélébile.

Ontologies croisées

Nous voici donc avec trois distinctions qui se recoupent et s'entrecroisent: une distinction entre objets et événements, qui est fondée sur une différence de forme — un objet n'a pas la forme d'un événement, et vice-versa; une distinction entre monde extérieur et monde intérieur, qui est fondée sur ce qui paraît être une différence de lieu; une distinction entre domaine privé et domaine public, qui est fondée sur une différence dans la possibilité de communiquer. En partant de la distinction objets/événements, on constate que les objets et les événements dont se compose le monde extérieur sont de nature spatiò-temporelle, alors que les objets et les événements qui subsistent dans le (mon) monde intérieur sont de nature mentalo-temporelle. Quant à la distinction privé/pubic, elle ne se déploie que dans le monde intérieur, et les objets et événements auxquels elle s'applique sont donc de nature mentalo-temporelle uniquement.

Cependant, le fait même qu'il y a des aspects de ma vie intérieure, des événements et des objets mentaux, qui peuvent être transmis à d'autres mondes intérieurs, implique un détour par le monde extérieur spatio-temporel — à moins de poser que la communication entre esprits puisse avoir lieu par des moyens non-spatio-temporels, par des moyens télépathiques par exemple. Ce qui dans le mental peut être rendu public doit pouvoir se transformer en du spatio-temporel pour pouvoir franchir l'obstacle du monde extérieur et aboutir à un autre monde intérieur, à un esprit qui soit capable de le réintégrer sous forme mentale. Est donc public ce qui dans un monde intérieur est extériorisable en données spatio-temporelles, et est ainsi transmissible à d'autres esprits, à d'autres mondes intérieurs.

Bref, dans tout monde intérieur, il y a des objets/événements privés, qui semblent ne pas pouvoir être transportés hors de lui, et il y a des objets/événements publics, qui peuvent être transcrits en langage et qui peuvent circuler à travers le monde extérieur pour aboutir à d'autres esprits capables de les intégrer dans leur intériorité. On arrive ainsi à un univers qui serait composé d'une part d'un monde extérieur spatio-temporel unique, le même pour tous les corps, qui retient en soi matière, énergie, espace, lieu, temps mesuré; et d'autre part, un ensemble fini, même s'il est très grand, de mondes intérieurs, d'âmes, d'esprits, qui se nourrissent de données mentalo-temporelles.

Univers distribué à la manière de Descartes, mais qui n'est pas cartésien. Les substances pensantes, les mondes intérieurs, les *âmes*, différent de la *substance étendue* (je parle ici en langage cartésien), mais ne sont pas séparées d'elle, ni mêmes séparables. Au contraire, aussi bien pour leur subsistance que pour leur fonctionnement, elles sont tenues par le spatio-temporel qui les soutient et les maintient. Les *âmes* ne subsistent que fixées au corps et au monde spatio-temporel qui contient leur corps: et elles ne peuvent entrer en relation avec d'autres *âmes* que par l'intermédiaire du monde spatio-temporel qui contient leur corps respectif. En continuant dans ce langage cartésien, l'âme ne peut exister séparée du corps, même si par certains de ses aspects elle s'en distingue, et qu'il est difficile de trouver le joint entre elle et son corps.

Dans cette ontologie à la Descartes, on pose donc d'une part le monde de la substance corporelle, qui est de nature spatio-temporelle et qui réunit l'ensemble des corps — et donc aussi le mien, qui est lui-aussi soumis aux lois et régularités de ce monde spatio-temporel ; et d'autre part, à un autre niveau, sous une autre perspective, un ensemble fini de mondes intérieurs autonomes, de nature mentalo-temporelle, ensemble dont les éléments sont les êtres humains qui constituent les *je* des situations cognitives. Deux questions émergent. Peut-on parler d'un monde de la susbstance mentale qui réunirait en soi *matériellement* l'ensemble des esprits, tout comme le monde de la substance corporelle réunit en soi *matériellement* l'ensemble des corps ? Y a-t-il intérêt à poser l'existence d'un monde des objets idéels qui soit séparé du monde des esprits ? En d'autres termes, y a-t-il intérêt à distinguer un monde des objets mentaux du monde de la substance mentale, alors que je considère comme unifié le monde de la substance corporelle et le monde des objets/événements spatio-temporels ?

Peut-on parler d'une substance mentale unique, peut-on dire des *âmes* (au sens cartésien de « choses pensantes ») qu'elles sont toutes faites d'une même substance mentale, tout comme les corps sont faits d'une même substance étendue ? En fait, comme on l'a vu plus haut à propos de l'Intellect Agent, il y a tout un courant de la pensée antique et médiévale qui pose face au monde corporel, dernière trace de l'action divine, un monde unifié du mental, que ce soit sous le nom d'Intelligence Universelle, d'Ame de monde, etc. Monde unifié des âmes, substance spirituelle unique dont sont faites toutes les âmes qui ne diffèrent entre elles que sous l'aspect de leur composition, de leur forme, tout comme les corps, faits d'une même substance corporelle, différent entre eux selon leur composition, leur figure et leur lieu.

Face à cette perspective unifiante, la tradition judéo-chrétienne maintient l'existence d'un ensemble d'âmes séparées, d'un monde des âmes dans lequel chaque âme constitue une entité à part, un *je* absolument séparé des autres *je*. De ce point de vue, admettre l'identité substantielle des âmes revient à dissoudre les *je*, à les confondre, à remettre en cause les concepts d'identité personnelle, de liberté individuelle, de responsabilité, de choix qui porte à conséquence. On retrouve là l'expression d'une tension continue entre la tendance à accentuer l'universalité du genre humain, jusqu'à en faire un objet de savoir empirique, et la spécificité de chaque être humain, qui le sépare de tous les autres et le rend unique. D'une part, la possibilité d'élaborer des sciences humaines et sociales, puisque tous les humains sont *substantiellement* les mêmes ; d'autre part, l'impossibilité pour les sciences humaines et sociales de mener à bien leur entreprise, puisque chaque humain est unique, et qu'il ne peut y avoir de science de l'unique.

Si l'on pose l'existence *autonome* d'un monde mentalo-temporel, qui contiendrait en soi aussi bien les esprits que les objets et événements mentaux qu'ils perçoivent et produisent, qu'en est-il de l'existence d'un monde séparé des objets idéels, d'un monde des idées, des concepts, des théories, des systèmes? En quel sens peut-on parler d'un monde qui n'aurait comme habitants que des objets idéels, tels le concept de nombre premier, l'idée de justice, la théorie de la relativité, le système platonicien; c'est-à-dire d'un monde dont la texture serait idéelle, et qui contiendrait des objets qui sont communicables à la façon des objets matériels, puisque les objets idéels sont communicables d'un esprit à l'autre, tout comme un objet matériel est transférable d'un lieu à l'autre? Avec comme différence que contrairement à ce qui se passe dans le monde spatio-temporel où la quantité masse/énergie est considérée comme constante, un tel monde d'objets idéels serait sujet à augmentation, puisqu'il se remplit d'objets nouveaux, au fur et à mesure de leur production par des esprits humains — à moins de poser à la manière de Platon que le monde des idées est fixe et immuable, et que les esprits, les âmes, ne font que retrouver, que redécouvrir, que se souvenir de ce qui se trouve en ce monde de toute éternité.

Jusque là, nous avions posé que chaque humain vit dans deux mondes, dans le monde spatio-temporel qui maintient son corps en vie, et dans le monde mentalo-temporel dans lequel s'active son esprit. Deux mondes, c'est-à-dire deux langages: avec son corps, il parle en *corporais*, langage des causes et des effets, des actions et des réactions; et avec son esprit, il parle en *mentalais* (terme que je reprends de J. Fodor, *Language of thought,* 1975, avec une portée élargie) langage des sensations, des sentiments, des désirs, de l'appréciation, de la persuasion et aussi du savoir. Avec les objets idéels, le sujet connaissant utilise les deux langues. Il les produit, il les intègre, il les retient, en mentalais; mais il les exprime, il les transmet, il les stocke en corporais: puisqu'ils sont transmis d'un esprit à l'autre par le détour du monde spatio-temporel, puisqu'ils sont transformés en signes visuels et sonores, et c'est sous cette forme qu'ils sont stockés.

Pour être intégrables par des esprits en mentalais, les objets idéels semblent donc se prêter à une double transformation, de mentalais en corporais, et de corporais en mentalais. Or, il (me) semble bien que les objets idéels n'existent en acte que dans un esprit humain, et que leur subsistance spatio-temporelle n'est pour eux qu'un état de latence, en attente d'exploitation et de transfert. S'il en est ainsi, si les objets idéels n'existent en acte que dans des esprits qui les intègrent dans leur activité mentale, et que lors de leur passage par le spatio-temporel, ils ne sont que des objets spatio-temporels passifs, il semble inutile et même superflu de poser l'existence autonome d'un monde des objets idéels qui serait indépendant de chacun des esprits qui contient tel ou tel ensemble d'objets idéels. Le fait que la *matière* des objets idéels soit mentale n'est pas une raison suffisante pour rassembler l'ensemble croissant des objets en un monde séparé.

Cependant, alors qu'il ne nous vient pas à l'idée de distinguer le monde de la substance corporelle du monde des objets et des événements spatio-temporels, comment se fait-il qu'une séparation entre un monde des esprits et un monde des objets idéels nous semble plus plausible? Qu'est-ce qui spécifie le monde de la substance mentale par rapport au monde de la substance corporelle, pour que cette séparation soit éventuellement envisageable?

Là intervient la distinction privé/public. Celle-ci, nous en avons le sentiment, n'a de sens que par rapport à des esprits, et non pas pour des corps. Le corps, aucun corps, ne peut dire *je*: en tout cas, la plupart d'entre nous semblent en être intimement persuadés. Le corps n'a pas de conscience de soi, il n'a pas en soi de profondeur vide, il est entièrement plein de soi et des corps qui lui sont limitrophes; il ne peut être le contenant et le producteur que de substance corporelle. Alors que l'esprit, quelle que soit sa relation avec son corps — qu'il en soit séparé, qu'il en fasse *matériellement* partie, ou qu'il en soit une émergence — semble pouvoir être le contenant d'autres choses que soi: dont certaines s'attachent à lui et semblent en être inséparables, telles les sensations, les sentiments, les désirs; et d'autres semblent en être détachables, transférables, communicables à d'autres esprits, objets idéels que l'on peut éventuellement envisager de regrouper dans un monde à part. Dans le corps, il n'y a rien de privé, tout est public pour celui qui sait y voir; dans l'esprit, il y a, il reste, du privé — et le public est ce que l'esprit sait livrer de soi-même, les objets idéels qu'il sait produire, transformer, retenir et communiquer.

Cependant, s'il me fallait absolument, ne serait-ce que pour la symétrie, faire pour la substance corporelle ce que j'ai fait pour la substance mentale, je distinguerais d'une part le monde des corps qui sont passifs du monde des événements spatio-temporels qui ont lieu et par rapport auxquels les corps jouent un rôle passif; face à un monde des objets idéels qui sont passifs — et en cela correspondant aux corps dans le monde de la substance corporelle —, par rapport à un monde des esprits, qui sont actifs, qui jouent un rôle actif dans la formation, la transformation, la rétention, la communication, des objets idéels. On est alors amené à délaisser la distinction privé/public au profit de la distinction actif/passif: un monde des objets passifs, qu'ils soient spatio-temporels ou mentalo-temporels, et un monde des entités actives, qu'ils s'agissent d'événements spatio-temporels, ou d'esprits qui produisent, qui retiennent, qui transmettent, des objets idéels.

On arrive ainsi à envisager des ontologies croisées, par rapport auxquelles les objets de savoir se situent et prennent sens. Ces ontologies sont fonctionnelles plutôt que réalistes, elles sont d'usage et de convenance plutôt que d'essence. J'emploie les ontologies qui me conviennent dans telle ou telle situation, puisque je n'ai ni les moyens, ni le point de vue de Sirius, ni l'oreille de la révélation, qui me permettraient de connaître et d'exposer la seule ontologie *vraie*. Un monde, deux mondes, trois mondes, quatre mondes, et peut-être d'autres encore, auxquels je n'ai pas pensé, ou dont je ne vois pas l'intérêt. C'est dans ces mondes que l'on trouve les objets de savoir de nos situations cognitives, c'est à partir d'eux et en eux qu'ils prennent forme.

Quatre mondes: monde des objets corporels, mondes des événements spatio-temporels, monde des esprits, monde des objets idéels. Trois mondes: monde de la substances corporelle, monde des esprits, monde des objets idéels. Deux mondes: monde de la substance corporelle, monde de la substance mentale. Un monde, qui contient tout ce qui est, l'option ontologique la plus *économique*, et qui pourtant pose autant de problèmes sinon plus que les autres. Un seul monde, qui est le monde des corps/esprits, du spatio-mentalo-temporel, monde unique dans lequel des perspectives diverses se déploient et se recoupent. Du point de vue de la situation cognitive, dans l'hypothèse du monde unique — qui me paraît personnellement la plus adéquate et la plus féconde — *je* est un être spatio-mental, un être à double perspective, qui vibrionne sans arrêt entre les deux, qui oscille en permanence et ne se maintient que par cette oscillation.

Le *je* de la situation cognitive est un être spatio-mental qui vit dans l'écoulement de sa durée. Il se boucle sur soi en corporais, à l'écoute et à la conduite de son corps; et en mentalais, en suivant — souvent de manière inconsciente, comme pour son corps — les méandres de ses courants de perception, de sensation, de réflexion. A tout ce qui dans son monde ne fait pas partie des esprits auxquels il s'adresse intentionnellement, au monde qui pour lui est inanimé — même s'il s'agit d'autres êtres vivants, d'autres esprits — il se réfère en corporais pour l'action et la réaction, et en mentalais pour la constatation, l'intention, l'appréciation. Enfin, dans sa relation à d'autres esprits — dans la mesure où il pense que d'autres existent —, il s'adresse en mentalais qui est supposé faire résonner en eux les réponses psychiques adéquates: en passant bien entendu par le détour du corporais pour pouvoir les joindre.

La perspective d'un monde spatio-mental unifié pose plus de problèmes ontologiques que les perspectives à ontologies multiples, mais moins de problèmes épistémiques. En effet, qu'il s'agisse de deux, de trois ou de quatre mondes, l'existence séparée de ces mondes est posée dès l'abord, par un coup de force, par une sorte de *fiat* qui n'est plus remis en question. Le problème difficile à traiter dans ces perspectives à ontologie multiple — et Descartes en est un exemple classique avec son hypothèse de la glande pinéale pour expliquer l'action de l'âme sur le corps et vice-versa — est celui de l'action réciproque de ces mondes les uns sur les autres: comment des mondes séparés, des substances séparées, peuvent-ils être en relation, en interaction?

Par contre, dans une perspective unifiée, le problème du passage ontologique du corporel au mental et vice-versa ne peut être esquivé — surtout si on se situe dans le cadre théorique unifiant de l'hypothèse du Big Bang et de l'évolution biologique. Malgré la différence que l'on constate entre le corporel et le mental, on pose dès l'abord l'existence d'un monde unifié, dans lequel il n'y a pas de *mystère* de l'origine. On admet comme allant de soi — et peut-être à tort — une précédence ontologique et causale du corporel sur le mental, sans pour autant avoir résolu le problème du passage de l'inanimé à l'animé, et dans l'animé le passage de l'organique au psychique et au mental. Cependant, il est évident que toute solution du problème ontologique du monde unifié revient à résoudre, à expliquer, les difficultés épistémiques du passage du corporais au mentalais, et vice-versa. Si je sais comment a eu lieu le passage du corporel au mental, je sais aussi comment ils réagissent l'un sur l'autre. Dans une perspective unifiée, l'ontologie est compliquée, puisqu'il s'agit de tout situer dans un monde unique: mais l'épistémologie est relativement simple, puisqu'elle est directement tenue par l'hypothèse ontologique qui la fonde.

Dans un tel monde unifié, où le mental coexiste avec le corporel et subsiste en dépendance avec lui sans pour autant se confondre avec lui, c'est le temps — ou plutôt la durée au sens de Bergson — qui semble jouer le rôle de ciment, d'élément unifiant, qui retient ensemble et fonde la possibilité de subsistance et de co-subsistance du corporel et du mental. Le temps est le milieu dans lequel baigne à la fois le corporel et le mental, et semble, si l'on prend l'hypothèse du Big Bang au sérieux, pouvoir servir de point de départ aussi bien pour l'élaboration de la substance corporelle que pour l'émergence du mental à partir du corporel. Peut-être peut-on dire que le corporel et le mental sont deux aspects du temporel, de l'étalement du temps dans le corporel, et de l'expérience de la durée pour le mental. Bien sûr, on est là en plein *impressionnisme*: mais à ce niveau, c'est tout ce qui reste.

CHAPITRE 4

CONNAISSANCE DE SOI

Il y a des situations cognitives dans lesquelles je cherche à me connaître, dans lesquelles je me prends moi-même comme objet de mon savoir ; alors que dans d'autres, ce que je connais, ou ce que je cherche à connaître est autre que moi. Il me semble évident qu'il est possible aussi bien de se connaître, que de connaître ce qui n'est pas soi. Pour mieux comprendre ce que l'on entend par *se connaître* et par *connaître autre chose que soi*, je propose d'aller jusqu'au bout de l'alternative : que veut dire ne connaître que soi, que veut dire ne connaître qu'autre chose que soi. Pour connaître, il me semble que je dois sortir de moi, d'un moi qui m'enferme sur moi-même : est-ce possible, et comment ? Pour me connaître, je dois apparemment rentrer en moi, alors qu'il me semble bien que je ne peux connaître que ce qui se présente à moi, ce qui fait objet pour moi : puis-je être un objet de savoir pour moi-même ?

Dans les deux cas, qu'il s'agisse de la connaissance de soi ou de la connaissance de non-soi, la problématique de l'objet de savoir est directement liée à la nature attribuée au sujet connaissant: suis-je une table rase qui reçoit des impressions de l'extérieur, suis-je une monade fermée sur elle-même qui ne fait que s'auto-contempler pour se connaître. Commençons par le problème que pose la connaissance de soi; et poussons à ses limites la situation cognitive dans laquelle un sujet connaissant ne connaîtrait que soi-même. Pour cela, je propose de me livrer à un exercice de haute voltige idéelle, en mettant à l'épreuve des situations cognitives poussées à l'extrême, pour voir à quel moment elles vont entrer en vibration et éventuellement exploser. J'espère apprendre à partir de là quelque chose sur la nature de la situation cognitive en général, et sur la nature du sujet connaissant, du *je* qui en est l'acteur principal.

Dans l'intention de pousser à bout cette réflexion sur la connaissance de soi, je vais m'aventurer dans deux domaines d'exploration idéelle. D'abord, par une incursion dans le domaine de la théologie cognitive, je vais chercher à comprendre ce que l'on entend en disant de Dieu qu'il est omniscient. J'examinerai ensuite la situation cognitive dans laquelle se trouve la monade leibnizienne — ainsi que la question de savoir en quel sens on parle de la connaissance d'un organisme vivant et d'un programme d'ordinateur, et de leur connaissance de soi.

Un exercice de théologie cognitive

Est-ce que Dieu connaît et se connaît? Mais d'abord qui est Dieu, de quel Dieu s'agit-il? Dans cet essai de théologie cognitive, mon intention n'est pas de choquer ou de jouer avec des paradoxes, mais d'élucider la notion de situation cognitive en la confrontant à des options cognitives radicales. Mais, me dira-t-on, n'est-ce pas expliquer *obscurum per obscurius!* Même s'il en est ainsi, l'entreprise ne me semble pas inutile. Partons de l'idée de Dieu telle qu'elle nous est parvenue dans notre héritage culturel, l'idée d'un être qui est « tel que rien de plus grand ne peut être conçu » (Saint Anselme de Canterbory, *Proslogion* II), « l'idée d'un être souverainement parfait » (Descartes, *Méditations*, V). La question que je pose est la suivante: pouvons nous apprendre quelque chose sur la cognition humaine, sur la situation cognitive, en examinant les conséquences de l'attribution du savoir à Dieu, de la considération de Dieu comme omniscient?

De quel Dieu parlons nous? Pour parler comme Pascal — et comme Jehuda Halevi bien avant lui — mais en inversant les termes, il ne s'agit pas du Dieu d'Abraham, d'Isaac et de Jacob, qui est le Dieu de la création dans le temps, de la révélation, et de la providence des hommes; mais du Dieu des philosophes — surtout de la philosophie médiévale — qui tout en étant l'objet d'une croyance, est essentiellement le déploiement d'un concept, celui d'un être parfait. « Par le nom de Dieu, j'entends une substance infinie, éternelle, immuable, indépendante, toute connaissante, toute puissante... (Descartes *Méditations* III A.T. 35). En reprenant les termes de E. Gilson à propos de Saint Thomas (in *La philosophie du Moyen-age*, 1952, p. 533) « Dieu est parfait, souverainement bon, unique, intelligent, omniscient, volontaire, libre et tout-puissant... En écartant successivement de l'idée de Dieu le mouvement, le changement, la passivité, la composition, nous aboutissons à le poser comme un être immobile, immuable, parfaitement en acte et absolument simple. » Dans tout ce développement de théologie cognitive, je tiens à le souligner, je ne pose pas la question de l'existence *réelle* de Dieu: je ne traite ici que du concept de Dieu, de l'idée que nous nous faisons de Dieu. Comme le dit Saint Anselme (*Proslogion* II), même l'insensé, qui nie l'existence de Dieu, en comprend l'idée: c'est de cette idée uniquement qu'il s'agit ici.

En quel sens dit-on de Dieu qu'il est omniscient? Reprenons des affirmations classiques. Saint Thomas, dans la *Summa contra Gentiles* (Livre I, chap. 45) dit: « Dans la mesure où l'intelligence divine appartient à son être, il est nécessaire que son intelligence soit simple, éternelle, invariable, qu'elle n'existe qu'en acte — ainsi que toutes choses qui sont prouvées de l'essence divine. En effet, Dieu n'est pas intelligent en puissance, il ne commence pas à intelliger quelque chose de nouveau, il n'y a aucune mutation ni composition dans son fait d'intelliger » (trad. Ed. du Cerf, 1984). Par ailleurs (*Summa Theologica*, 1° partie, quest. 14, art. 4 ad tertium) il dit: « Le connaître divin, qui est subsistant en lui-même, est connaissance de soi-même, et non de quelque chose d'autre qu'il faudrait poursuivre indéfiniment ».

Avant Saint Thomas, Maimonide avait déjà dit l'essentiel de cette doctrine de la science de Dieu (*Guide des Egarés*, 3° partie, chap. 20-trad, S. Munk, p. 153): « En somme voici comment je résume ma pensée: de même que, sans comprendre la véritable essence de Dieu, nous savons pourtant que son être est le plus parfait, qu'il n'est affecté en aucune façon d'imperfection, ni de changement, ni de passion, de même sans comprendre ce que sa science est en réalité, *puisqu'elle est son essence* (souligné par moi), nous savons pourtant qu'il ne peut pas tantôt savoir et tantôt ignorer; je veux dire qu'il ne peut lui survenir aucune science nouvelle, que sa science ne peut avoir ni multiplicité, ni fin, qu'aucune des choses qui existent ne peut lui être inconnue, et que la connaissance qu'il a de ces choses laisse intacte leur nature, le possible conservant la nature de possibilité ». Quelques pages plus haut (p. 149), Maimonide, après avoir exposé les difficultés philosophiques que pose le concept de science divine, était arrivé à la conclusion cruciale : « Par conséquent, il (Dieu) ne connaît que sa propre essence ». En d'autres termes, Dieu ne peut connaître que soi.

Voilà suffisamment de matériau pour entamer cette discussion de théologie cognitive. Je ne vise pas ici l'exactitude historique, et ce recours à des données théologiques a pour but unique d'éclairer le concept de situation cognitive. Le passage par la théologie cognitive présente l'avantage d'éclairer des difficultés que manifeste la notion de situation cognitive dans certaines de ses articulations. En poussant à bout l'expérience de pensée *Dieu*, en jouant sur ses caractéristiques, sur ses implications, on arrive à une idée plus claire de la souplesse et des limites de la situation cognitive, considérée comme un objet idéel qui peut-être manipulé dans les limites de sa subsistance.

Dieu est parfait. Face à l'homme et ses impérities, Dieu est la perfection même, il est tout-puissant, omniscient, immuable, il est l'être vrai, et le savoir vrai de l'être vrai. Il y a en Dieu adéquation absolue entre être et savoir : son savoir égale son être et son pouvoir ; ce qu'il sait est, est vraiment, est immuable. En ce sens, on peut dire de Dieu qu'il ne connaît que soi-même, puisqu'il ne connaît que ce qui est ; et seul Dieu est, au sens plein du terme. Il est à lui-même son objet de savoir : il s'auto-contemple et ainsi il connaît tout ce qui est. Le monde de la connaissance de Dieu coïncide avec le monde de l'être de Dieu et se boucle sur lui de manière hermétique.

Dire de Dieu qu'il ne connaît que soi revient à placer Dieu dans une situation cognitive, dans la seule situation cognitive qui convienne à ses attributs de perfection, celle qui a trait à ce qui est *vraiment*. En disant de Dieu qu'il est omniscient, j'entends par là que contrairement à ce qu'il m'arrive à moi, qui me trouve toujours dans des situations cognitives partielles, et qui ai toujours le sentiment de ne pas tout savoir, Dieu sait tout en même temps, et il y a chez lui correspondance absolue entre ce qu'il est et ce qu'il sait. En ce sens on peut dire que la situation cognitive dans laquelle se trouve Dieu est *la* situation cognitive par excellence, dans la mesure où le sujet connaissant de cette situation cognitive maximale, le sujet connaissant maximal, connaît de manière maximale l'objet de savoir maximal qu'il vise, et qui est l'ensemble de ce qui est *vraiment*.

Le fait d'attribuer à Dieu l'omniscience, la science de tout ce qui est vraiment, et donc la connaissance de soi, pose énormément de problèmes. Et d'abord le problème de la représentation du savoir. En partant de la formule *quelqu'un sait quelque chose*, et en spécifiant qu'il s'agit d'un savoir qui vise un objet de savoir, et non pas d'un savoir-être ou d'un savoir-faire, on suppose que le sujet connaissant d'une telle situation cognitive possède en soi une représentation de l'objet de savoir qu'il vise. Sans entrer ici dans le détail d'éventuelles versions de représentations cognitive, — image isomorphe, inscription neuronale, symbole digital, etc. —, l'important à souligner est que cette représentation, quelle que soit sa nature, est supposée être distincte de l'objet de savoir visé par la situation cognitive dans laquelle cette représentation se réalise.

La question se pose donc: est-ce que Dieu possède une représentation de l'ensemble de ce qui est? Et si l'on pose que Dieu ne connaît que sa propre essence, la question se transforme: est-ce que Dieu possède une représentation de soi? Or admettre que Dieu puisse avoir une représentation de soi, mène à envisager l'éventualité d'un dédoublement en Dieu: d'une part Dieu qui est l'être vrai, et d'autre part Dieu qui se connaît comme Dieu, et qui contient en soi une représentation de soi. Mais alors, qu'en est-il de l'unité divine? Est-ce qu'un Dieu qui se connaît n'est pas en un sens coupé de soi-même?

En continuant sur cette lancée du dédoublement divin, et dans une formulation plus adéquate à leurs préoccupations et à leur cadre de pensée, certains philosophes médiévaux ont vu dans ce moment de la connaissance de soi de Dieu, l'amorce de la mise en route, dans l'éternité de Dieu, du processus de la création divine. Dire que Dieu a crée l'homme à son image — en reprenant les termes bibliques — revient selon eux à poser que l'homme est une représentation de l'être vrai, et non pas l'être vrai lui-même. La connaissance de soi de Dieu est ce qui entraîne le processus de création: le dédoublement entre l'être qui est Dieu, et la copie d'être, qui est ce que Dieu connaît de l'être, c'est-à-dire de soi. Bien sûr, on situe ainsi le ver dans le fruit, le multiple dans l'un, le changement dans l'immutabilité. Mais comment expliquer que Dieu un crée le multiple, si ce n'est en posant le multiple dans l'un par l'intermédiaire de la connaissance de soi, de Dieu se réfléchissant — même si, pour sauvegarder l'immutabilité divine, on pose que le processus est atemporel, qu'il a lieu de toute éternité.

Mais je ne suis pas un philosophe médieval, et pour moi Dieu n'est ici qu'une expérience de pensée qui permet d'étirer la situation cognitive jusqu'à ses limites de résistance. La connaissance de soi que possède Dieu par l'intermédiaire de la représentation de soi qu'il est capable de produire, introduit au niveau divin le concept de vérité par correspondant entre la représentation et le représenté que cette représentation vise. De manière schématique, on peut dire de Dieu qu'il se reflète dans le miroir de sa représentation: et s'il y a adéquation entre ce reflet et Dieu tel qu'il est vraiment, Dieu possède une représentation vraie de soi. Dans la situation cognitive dans laquelle il se trouve, Dieu a une représentation parfaite de soi, puisque par définition, tout ce qu'il fait, tout ce qu'il est est parfait — et il y a donc adéquation absolue entre la représentation que Dieu a de soi, et ce qu'il est. Or cette perfection de la représentation n'est possible que s'il n'y a pas confusion entre la représentation et le représenté, entre ce que Dieu sait de soi et ce qu'il est.

Pour qu'il puisse en être ainsi, pour qu'il n'y ait pas confusion en Dieu entre sa nature et sa représentation, il faudrait pouvoir distinguer en Dieu lui-même entre la *matière* dont Dieu est fait, à savoir l'être vrai, et la *matière* dont est faite la représentation de Dieu pour Dieu, à savoir les mots divins, les signes divins, les symboles divins. On retrouve le ver dans le fruit, la dualité dans l'unité — à moins de cesser de considérer l'unité comme une condition indispensable pour la perfection. En quel cas, Dieu possède une représentation parfaite de soi, et aussi une représentation de cette représentation, et ainsi de suite jusqu'à l'infini — ce qui n'est pas grave, tant qu'on admet que Dieu peut sortir de soi pour se connaître. Si, par contre, on pense que l'unité est un attribut indispensable de la divinité, tout comme l'omniscience, il faut admettre que Dieu ne peut avoir une représentation de soi, et donc que le savoir qu'il a de soi n'est pas une représentation, mais autre chose. La représentation divine de soi est pour Dieu une impasse cognitive, et il faut l'en sortir. Pour être en accord avec l'idée de la perfection divine, il nous faut accepter que pour Dieu, avoir un savoir par représentation est une imperfection.

Continuons notre expérience de pensée de théologie cognitive. Pour libérer Dieu de l'impasse de la représentation, tout en m'efforçant de lui préserver son statut d'omniscience, qui semble bien appartenir à sa perfection, je vais employer la distinction entre savoir (que), savoir-être et savoir-faire: entre un savoir théorique, qui est savoir de la contemplation, un savoir pratique, qui est savoir de l'action et de la conduite, et un savoir poiétique, qui est savoir de la fabrication et de la création. On est ainsi amené à distinguer trois catégories de situations cognitives: les situations cognitives théoriques, dans lesquelles quelqu'un sait (que); les situations cognitives pratiques, dans lesquelles quelqu'un sait être, sait se conduire; enfin les situations cognitives poiétiques, dans lesquelles quelqu'un sait faire quelque chose.

On vient de voir qu'il est inconvenant d'attribuer à Dieu le savoir (que), car un tel savoir entraînerait pour Dieu la nécessité d'avoir une représentation de soi — ce qui est incompatible avec la perfection divine sous l'aspect de son unité et de son immutabilité. Puisque l'on ne peut dire de Dieu qu'il possède un savoir théorique de soi, voyons si on peut lui attribuer un savoir poiétique: en d'autres termes, qu'est-ce que Dieu sait faire? Puisque seul Dieu est *vraiment*, et que son savoir, quelle que soit la nature de ce savoir, ne peut se référer qu'à ce qui est vraiment, c'est-à-dire à soi, que sait faire Dieu par rapport à soi-même? La réponse est immédiate: Dieu ne sait rien faire, car il ne fait rien; il est, et c'est tout.

En soi Dieu est: et du fait de son être, des choses se font, mais celles-ci n'appartiennent plus à l'être véritable. Que l'on pense au désir vers le Premier Moteur Immobile qui, selon Aristote, entraîne le mouvement des sphères; à la surabondance qui émane de l'Un chez Plotin. Ce n'est que là où intervient un Dieu populaire, qu'il soit hellénique — comme le Démiurge du Timée — ou biblique, ou qu'il provienne d'un autre contexte culturel, qu'interviennent les concepts de création volontaire, de providence, de rétribution. En soi, le Dieu des philosophes, le Dieu de notre expérience de pensée philosophique, ne sait rien faire, puisqu'il ne fait rien: il est un *Deus otiosus,* un Dieu oisif. Il n'a aucun désir d'action: et s'il y a des choses qui se font à partir de lui, c'est malgré lui, par une sorte d'épanchement automatique, par une surabondance qui se déverse hors de lui. Il n'intervient pas hors de soi, il n'est la providence d'aucun être hors de lui, si ce n'est comme appel d'être, comme aspiration, comme vide. On est loin du Dieu des dix commandements, du Dieu qui s'est fait chair, du Dieu qui envoie son prophète: la divinité abstraite, critère de toute perfection, ne fait rien, car toute action, toute création, est imparfaite par nature — et Dieu ne sait rien faire, car pour faire il devrait cesser d'être Dieu.

Dieu n'a pas de savoir théorique il ne sait pas (que); Dieu n'a pas de savoir poiétique, il ne sait pas faire. Dispose-t-il d'un savoir pratique, est-ce que Dieu sait être, est-ce que Dieu sait être Dieu? A première vue, une réponse positive s'impose: bien sûr, Dieu sait être Dieu, puisqu'il est Dieu. Tout ce qui est sait être ce qu'il est, a su devenir ce qu'il est. Un arbre sait devenir un arbre et subsister en tant que tel; un chien sait devenir un chien, et subsister en tant que tel, tant qu'il est en vie: Dieu sait devenir/être Dieu. On retrouve là l'idée aristotélicienne du passage de la puissance à l'acte, l'idée d'une forme qui réalise ses virtualités en persévérant dans son être. Dieu en puissance, dans cette acception, possèderait en soi une idée de sa propre perfection et la réaliserait: tout comme l'arbre possède en soi, dans sa semence, une idée, un «programme» de son arboréité, qu'il réalise en devenant arbre. Dieu serait donc le déroulement de l'ensemble de ses virtualités: mais à la différence de l'arbre qui se réalise dans le temps, Dieu serait un virtuel toujours réalisé, puisqu'il est toujours en acte.

A quel titre parle-t-on ici de savoir? Que veut dire qu'un arbre sait être un arbre, qu'un chien sait être un chien, que Dieu sait être Dieu? Il ne s'agit pas d'une représentation dans un esprit, comme dans le cas du savoir (que). Le savoir-être, pris dans ce sens, ne semble pas réservé aux êtres qui possèdent conscience de soi et langage, aux humains uniquement. Le savoir-être n'est pas un savoir réflexif mais opérationnel, une manière d'être diffuse dans une entité, qui rend possible sa transformation, sa subsistance, selon des régularités qui lui sont propres et qui la distinguent de ce qui n'est pas elle. Dans cette perspective, tout ce qui est, tout ce qui devient, sait être ce qu'il est, sait devenir ce qu'il devient. Etre et savoir-être sont ici équivalents: ce qui ôte au savoir-être toute autre spécificité que celle de désigner le passage *nécessairement* possible de la puissance à l'acte, et de poser que ce qui est peut être, et qu'il peut être ce qu'il est. Ainsi peut-on dire d'un nombre imaginaire qu'il sait être un nombre imaginaire — bien qu'il s'agisse d'une invention de mathématiciens.

Digression sur le bien-être et le mal-être

Dieu sait être Dieu, puisqu'il est Dieu; l'arbre sait être arbre, puisqu'il est arbre. En ce sens, le réel est toujours un possible qui se réalise à partir de prémisses qui permettent et suscitent sa réalisation. Toujours cette idée aristotélicienne de la forme qui se réalise dans sa perfection propre, selon la manière d'être qui convient à sa nature. Cependant, face au *bien-être* de ces devenirs adéquats à eux-mêmes, on découvre le *mal-être* des devenirs qui ne sont pas adéquats à eux-mêmes, que ce soit sous forme de monstres (= *mal-être* ontologique), ou de paradoxes (= *mal-être* logique), ou de dilemmes (= *mal-être* éthique) — qui sont autant de devenirs non-adéquats à ce qu'ils devraient être.

Que veut dire, au niveau du savoir-être, que le mal-être s'y manifeste? Je viens de parler de monstres, de paradoxes, de dilemmes. Prenons chacun de ces modes de mal-être à part. On dit d'un chien qu'il est un monstre quand on découvre en lui des traits (deux têtes, trois pattes) qui ne sont pas en accord avec l'idée que nous nous faisons de ce qu'est un chien, de ce que doit être un chien, compte tenu de tous les chiens que nous avons connus, dont nous avons entendu parler, etc. Est-ce que, au niveau du savoir-être du chien, cela veut dire que le chien s'est *trompé* dans son développement, dans son devenir, dans ce qu'il aurait dû être? Le monstre comme erreur de la nature, compte tenu de ce que nous considérons comme devant être le déroulement *normal.* Il y aurait donc quelque part une idée (platonicienne) de *chien* qui se serait mal réalisée, et qui serait devenue ce monstre.

A propos du savoir-(bien ou mal) être, on découvre ainsi un autre emploi du concept de représentation. Alors que dans le contexte du savoir (que), la représentation *réside* dans l'esprit du sujet connaissant, comme une copie de l'objet de savoir, dans le contexte du savoir-être, la représentation se situe par rapport à l'objet à réaliser, et se présente sous trois aspects complémentaires: un modèle à imiter, un programme à suivre, un but à atteindre. En termes aristotéliciens, on peut dire de cette version de la représentation qu'elle sert de cause formelle (idée), de cause efficiente (programme), et de cause finale (but). Il y a *bien-être* quand, en partant de l'idée et en suivant le programme, on aboutit au but visé. Il y a *mal-être,* quand en parlant de l'idée, on se fourvoie en route et on n'aboutit pas au but visé — en général parce que quelque chose dans le programme a disfonctionné. On entre là dans le domaine des ambiguïtés, des monstruosités ontologiques, des paradoxes logiques, des dilemmes éthiques ou affectifs. Le mal-être ontologique aboutit à des monstres, à des êtres contre nature, tout comme le mal-être logique aboutit à des paradoxes, qui sont des monstres idéels, et le mal-être éthique aboutit à des dilemmes, à des bifurcations existentielles dont on ne sort qu'en plongeant dans la dé-raison.

Mettre en relief le *mal-être,* même si ce n'est que sommairement, permet d'obtenir une meilleure perspective sur le *bien-être,* sur l'adéquat, le compatible, le cohérent. Il y a mal-être quand il n'y a pas cohérence entre une entité et sa représentation , qui à la fois est en amont et lui sert de modèle, et en aval et lui sert de visée. Avec l'idée de chien pour juger de ce qu'est un chien; avec l'idée de système déductif dans son déploiement virtuel à partir de ses axiomes et de ses règles pour juger par rapport à lui tout élément construit à l'intérieur de ce système; avec l'idée d'un système éthique fondé sur des croyances et des règles de conduite pour juger tout acte qui prend son sens et sa valeur dans ce système éthique. Pour une entité quelle qu'elle soit, savoir-être consiste à devenir et à être ce qu'elle doit être pour être en accord avec l'idée de soi, en accord avec sa forme, avec son *programme.* Contrairement à la représentation-copie, fondée sur la correspondance, qui vise la connaissance d'autre chose que soi, la représentation-modèle, fondée sur la cohérence, vise la connaissance de soi: savoir être, c'est savoir être soi-même en fonction de ce que l'on *doit* être.

Retour au savoir-être de Dieu

On voit de suite le problème que pose à Dieu le savoir-être. Dire de Dieu omniscient qu'il possède le savoir-être divin revient à poser que Dieu sait être Dieu (à distinguer de: Dieu se sait être Dieu=Dieu possède une représentation-copie de soi). Et donc qu'il a une idée de soi qui, logiquement si ce n'est temporellement, précède sa réalisation, son devenir-Dieu. Dieu sait être Dieu dans la mesure où il se réalise comme Dieu, dans la mesure où il est adéquat à une idée, à un programme de Dieu. Peut-on dire de Dieu parfait, immuable, éternel, qu'il est un possible qui se réalise? Cela revient à introduire à nouveau la dualité en Dieu, cette fois-ci non pas en aval, entre Dieu et la représentation-copie qu'il a de soi, mais en amont et en aval à la fois, comme Dieu sachant être Dieu en fixant un modèle de Dieu, et comme Dieu tendant à être Dieu, attiré par sa propre réalisation, par sa finalité d'être Dieu: le Dieu réel, éternel, présent étant en équilibre entre ce qu'il doit être et ce qu'il veut être.

A moins d'envisager tout à fait autrement le savoir-être de Dieu. Le savoir-être de Dieu n'a rien à voir avec un programme à réaliser, une idée à concrétiser, une forme à incarner — mais désigne plutôt une procédure d'auto-création, d'auto-organisation, d'auto-subsistance, qui ne dépend pour son initiation et sa structuration interne que du système lui-même. Dieu — et le chien — (qu'en est-il du système déductif?!) s'auto-crée, s'auto-organise, s'auto-réalise, est: et en cela il sait être. Pour préserver l'immutabilité de Dieu, il suffit de le situer dans l'éternité, de manière à ce que ne se posent pas pour lui les problèmes d'origine et de structuration interne que le chien ne peut esquiver. Le chien, tout comme le système déductif, commence sa procédure de réalisation à partir de données et dans un environnement, qui peut être matériel ou verbal. Dieu ne commence jamais sa procédure de réalisation, il est toujours en train de se réaliser. Savoir-être et être sont identiques en lui. C'est en ce sens que l'on peut comprendre Maimonide quand il dit que la science de Dieu est son essence.

Il s'ensuit qu'il n'y a pas, qu'il ne peut y avoir, de mal-être divin; il n'y a pas, il ne peut y avoir, de disfonctionnement divin: en cela justement réside la perfection divine. Ce n'est que là où une entité, de quelque nature qu'elle soit, se situe par rapport à un modèle, à un programme, à une finalité, que l'on peut parler de monstres, d'êtres contre nature: qu'il s'agisse de monstres ontologiques qui confondent des règles de leur programme et ne sont plus adéquats à leur modèle (un veau à deux têtes); ou de monstres logiques qui mettent en lumière l'oscillation délirante de disfonctionnement (feed-back positif) d'éléments constitutifs de leur programme (« tous les Crétois sont des menteurs » dit le Crétois); ou encore des monstres éthiques, des monstres de l'éthos, de la conduite des humains, qui poussent l'humain à la déraison en le faisant osciller entre des choix impossibles (« aime-moi », lui dit-elle en le repoussant).

Il ne peut y avoir de mal-être de Dieu, car pour Dieu être et bien-être sont identiques: c'est en cela qu'il est parfait. Dieu, dans la mesure où il sait être ce qu'il est, dans la mesure où sa science est identique à son essence, ne peut que savoir bien-être. C'est ce que Descartes voulait exprimer quand il attribuait à Dieu la création des vérités éternelles, qu'il s'agisse des lois logiques, des normes de la conduite ou des lois de la nature. Bien sûr, Descartes met l'accent sur la création externe, alors que c'est la nature interne de Dieu, son ontologie, qui m'intéresse ici. Mais l'idée est la même: l'être en acte de Dieu est ce qui fonde, ce qui établit, le savoir-être de Dieu.

Cependant, si par *savoir-être de Dieu*, je désigne simplement l'être en acte de Dieu, qu'ai-je ajouté, en quoi ai-je enrichi mon concept de Dieu? En disant que le savoir-être de Dieu correspond à son être en acte, j'étire le concept de savoir jusqu'à lui donner un sens aussi général que celui que j'accorde au concept d'être: mais alors, s'agit-il encore d'un savoir, au sens courant du terme? Plus encore, en quoi le savoir-être de Dieu se distingue-t-il du savoir-être d'une pierre, d'une bactérie, d'un concept, d'un humain? Alors que je pensais avoir réussi à spécifier la science de Dieu, en accordant à Dieu le savoir-être de son être en acte, je découvre non seulement que cette spécification est problèmatique, mais surtout qu'elle est tellement générale qu'elle s'applique à tout ce qui est. N'est-ce pas dans un même sens que l'on parle du savoir-être d'un système biologique, ou même d'un système mécanique, qui sait être soi-même en subsistant en tant que tel?

Ce n'est pas tout. Dieu étant ce qu'il est, et donc sachant être ce qu'il est, tant qu'il est ce qu'il est — ce qui pour Dieu signifie de toute éternité et pour toute éternité, Dieu donc est omniscient, puisqu'il sait être parfaitement, entièrement, ce qu'il est. C'est le sens que prend le concept d'omniscience dans le contexte du savoir-être divin. Mais alors il semble bien qu'il faille aussi attribuer l'omniscience à tout ce qui est, tant qu'il subsiste pour ce qu'il est : car tout ce qui est sait entièrement être ce qu'il est, sinon il ne serait pas ce qu'il est. De ce point de vue, tout étant est omniscient par rapport à soi-même, puisqu'il se connaît entièrement — et c'est cette connaissance entière qui est devenue l'omniscience divine.

On en arrive ainsi à remettre en cause non seulement le concept de savoir-être — dès que celui-ci ne se situe pas par rapport à un modèle mais par rapport à un être en acte — mais aussi celui d'omniscience que jusque là nous n'avions attribué qu'à Dieu. En effet, ou l'on dit que Dieu est omniscient car il connaît tout ce qui est, et alors il y a dédoublement en Dieu entre Dieu être parfait et objet de savoir, et Dieu omniscient et sujet connaissant. Ou on dit que Dieu est omniscient, car il se sait entièrement être ce qu'il est : et alors rien ne le distingue d'un étant quelconque, qui se sait être, puisqu'il est. Bref, même notre dernière ligne de défense du savoir divin est enfoncée, et nous voilà en plein embarras idéel. A quoi nous a donc servi cette incursion dans le domaine de la théologie cognitive ?

Dieu parfait est ignorant

Reprenons les lignes principales de cette discussion de théologie cognitive. Nous sommes partis de l'omniscience divine. Dire de Dieu qu'il est omniscient peut vouloir dire : Dieu sait tout ce qui est ; ou Dieu sait faire tout ce qui est à faire ; ou encore Dieu sait être Dieu. Or au nom même de la perfection divine, on constate que Dieu ne peut savoir (que), ni savoir faire, ni savoir être. Il ne peut savoir ce qui est. En effet, comme seul Dieu est, c'est de la connaissance de soi qu'il s'agit. Or, pour se connaître, Dieu doit avoir une représentation-copie de soi : d'où un dédoublement en Dieu entre un soi sujet connaissant et un soi objet de savoir — ce qui porte atteinte à l'unité divine. En outre, Dieu ne sait pas faire. Pour faire, et donc pour savoir faire, il faut agir, sur soi ou sur autre que soi. Dieu ne peut agir que sur soi, puisque seul Dieu est (vraiment). Or, toute action implique une transformation, un changement : il s'ensuit que le savoir-faire divin, s'il existait, porterait directement atteinte à l'immutabilité divine.

Enfin, Dieu ne peut savoir être. En effet, si par savoir-être, on entend l'imitation d'un modèle par la réalisation d'un programme, on introduit en Dieu un élément de dualité, une coupure entre un Dieu virtuel et un Dieu actuel, ainsi que l'existence d'un Dieu modèle de

Dieu: ce qui va directement à l'encontre de l'unité et l'immutabilité divines. Par contre, si par savoir-être de Dieu, on entend simplement désigner le fait d'être ce qu'il est, rien ne distingue Dieu en sa perfection des autres étants en leur imperfection, dans la mesure où tous sont ce qu'ils sont, quel que soient le contexte et les conditions de leur subsistance. Là, l'atteinte est portée directement au concept même de perfection.

D'où une conclusion qui est à la fois paradoxale et inévitable: Dieu ne sait pas; non seulement il n'est pas omniscient, il n'est même pas scient, et il n'est pas capable de l'être. En d'autres termes, si Dieu est parfait, il ne peut savoir; s'il sait, il n'est pas parfait. Dans la mesure même où la science — qui pour Dieu est toujours omniscience — est considérée comme un des attributs de la perfection divine, Dieu omniscient ne peut être parfait, puisque sa science empêche sa perfection sous l'aspect de l'unité et de l'immutabilité. C'est-dire qu'un attribut de la perfection divine empêche Dieu d'être parfait. En fait, ce n'est pas le seul attribut paradoxal: il en est de même dès que l'on met en jeu d'autres attributs *classiques* de la perfection divine, tels la volonté, la toute-puissance, la bonté, etc — c'est-à-dire tout attribut dynamique, tout attribut qui entraîne une transformation et un dédoublement, tout attribut qui porte atteinte à l'unité et à l'immutabilité divines, considérées comme attributs essentiels, *premiers*, de la perfection de Dieu. Dès que l'on remet en cause tous ces attributs paradoxaux, il ne reste (du concept) de Dieu qu'un Dieu un et immuable, un *Deus otiosus,* un Dieu qui est Dieu qui est Dieu.

Continuons sur cette lancée. De deux choses l'une: ou la perfection contient l'omniscience, et Dieu omniscient ne saurait être parfait; ou la perfection ne contient pas l'omniscience, et Dieu est parfait sans être omniscient — et alors il y a carence dans le concept de perfection, car comment la perfection saurait-elle être parfaite sans l'omniscience. Pour débloquer cette situation paradoxale, deux voies se dessinent. Selon l'une, le concept de Dieu parfait est un concept impossible. Il ne peut y avoir de (concept de) Dieu, au sens de la philosophie médiévale d'un Dieu qui réunirait en soi tous les attributs de la perfection, parce que nous humains n'arrivons pas à penser le concept de Dieu. Pour reprendre les termes qu'emploie Saint-Anselme dans le Proslogion, mais en nous opposant à lui, nous ne pouvons penser l'idée d'un «être dont on ne peut concevoir rien de plus grand», parce que les constituants du concept de perfection, les divers attributs que nous attribuons au concept de perfection, ne sont pas compatibles entre eux. C'est en ce sens que je parle du concept de Dieu parfait comme d'un concept impossible. Un Dieu parfait — c'est-à-dire qui réunirait en soi les attributs *classiques* de la perfection — n'est pas (logiquement) possible. Par contre, il serait tout à fait possible d'envisager le concept d'un Dieu imparfait, d'un Dieu qui sait après n'avoir pas su, d'un Dieu qui peut après n'avoir pas pu, d'un Dieu qui veut après n'avoir pas voulu, d'un Dieu qui agit après n'avoir pas agi, bref d'un Dieu dont l'unité est vivante et qui n'est pas immuable.

L'autre voie consiste à changer les règles du jeu. On ne remet pas en cause l'éventuelle existence d'un Dieu, mais uniquement la manière d'exprimer son concept, la manière d'en parler. Non plus une théologie positive, qui accorde à Dieu des attributs positifs maximalisés, tels la volonté, la puissance, le savoir — mais une théologie négative, qui dépouille Dieu de tous les attributs imparfaits. Non pas Dieu sachant, pouvant, voulant, mais Dieu ne sachant pas comme savent les hommes, ne pouvant pas comme peuvent les hommes, ne voulant pas comme veulent les hommes. Alors que selon l'approche de la théologie positive, Dieu est un esprit humain maximalisé, *éminent* dans sa perfection, dans sa puissance, dans sa volonté, dans son savoir — dans la théologie négative, Dieu n'est pas ce qu'est l'être humain faillible, dans son impéritie, dans son impuissance, dans ses vélléités, dans son ignorance. Le Dieu de la théologie négative est ce dont on ne peut rien dire, si ce n'est qu'il est. Dans le contexte de la théologie négative, il n'y a pas de concept de Dieu, il y a seulement Dieu qui est Dieu — et le silence des mystiques.

Comment conclure cette discussion de théologie cognitive? Je suis arrivé à la problématique de la théologie cognitive en partant du concept de connaissance de soi. Au départ, il m'a semblé que ce n'est qu'à Dieu, au concept de Dieu, qu'il était possible d'attribuer la connaissance de soi, au sens plein du terme. En effet, en attribuant à Dieu l'omniscience considérée comme un attribut de sa perfection, et en posant que seul Dieu est (vraiment), on est irrésistiblement mené à la conclusion que Dieu, et seul Dieu, se connaît soi-même. Cependant, dès que l'on examine la *cognition* divine de plus près — en la rattachant aux attributs *premiers*, essentiels de la perfection divine que sont l'unité et l'immutabilité — on constate que Dieu ne peut en aucune manière être le sujet d'un situation cognitive, même s'il s'agit d'une situation cognitive maximalisée, poussée à l'extrême, car il la fait exploser.

Dieu ne peut être le sujet d'une situation cognitive, car celle-ci, sous l'aspect du savoir (que), implique toujours un dédoublement entre sujet connaissant et objet de savoir - même si le sujet est son propre objet de savoir; sous l'aspect du savoir-faire, elle implique une action; sous l'aspect du savoir-être, elle implique une conscience de soi, un dédoublement. Dans la mesure où l'on considère tout savoir comme quête, comme recherche, comme désir, Dieu ne peut être scient. Si ce qui caractérise la perfection est l'unité et l'immutabilité, le savoir ne peut être un attribut de la perfection — puisqu'il est désir de perfection, puisqu'il tend vers la perfection, et est imparfait du fait même de sa quête et de son désir. Reste qu'à Dieu, on peut attribuer le savoir-être si l'on pose que tout ce qui est, sait être ce qu'il est. Or, ceci est vrai de tout ce qui est, et rien sous cet aspect ne distingue Dieu des choses inanimées et animées. Dans cette perspective, Dieu sait être Dieu, comme la pierre sait être pierre: et ce savoir-être, nous le verrons plus bas, n'est pas une connaissance de soi.

CHAPITRE 5

LA CONNAISSANCE DE SOI DE LA MONADE

Cette discussion de l'omniscience divine s'est appuyée sur l'idée que les attributs essentiels de la perfection divine sont l'unité, et surtout l'immutabilité, c'est-à-dire l'impossibilité qu'en Dieu parfait des événements aient lieu, qu'il s'agisse de changement, de mouvement, de transformation, et même de fonctionnement. Dieu est Dieu, et c'est tout ce qu'il est. Si l'on tient absolument à lui attribuer un savoir, il ne peut s'agir que d'un savoir-être-Dieu, qui se confond entièrement avec son être-Dieu. Or un tel savoir-être, on l'a vu, convient à tout ce qui est et ne spécifie en rien la perfection divine. En considérant Dieu sous l'aspect de son immutabilité, nous avons constaté que Dieu parfait ne peut ni connaître ni se connaître : et que ceci est pour lui, et par rapport à nous êtres humains, un signe de sa perfection. A l'autre extrémité de l'échelle des étants, nous attribuons aussi un mode d'immutabilité aux choses inanimées, dans la mesure où on considère leur *mutabilité*, les transformations qui ont lieu en elles, comme entièrement déterminées et prévisibles. Sous cet aspect, les choses inanimées ne peuvent ni connaître ni se connaître: et ceci est pour elles, et par rapport à nous êtres humains, un signe de leur imperfection. Immutabilité parfaite de Dieu dans sa bienheureuse ignorance; immutabilité imparfaite des choses inanimées dans leur absolue privation cognitive: et entre les deux, des étants auxquels il nous semble pouvoir attribuer la connaissance et la connaissance de soi

J'en donnerai trois illustrations, deux très brièvement, l'organisme vivant et le programme d'ordinateur; et la troisième plus en détail, la monade leibnizienne. Il est d'usage d'attribuer à l'organisme vivant, des capacités cognitives telles la capacité de discriminer, d'apprendre, de mémoriser, bref de fonctionner comme si l'organisme en question réagissait à des injonctions cognitives. De même il y a des programmes d'ordinateur qui discriminent, qui apprennent, qui mémorisent; qui par leur nature même, c'est-à-dire par la manière dont ils ont été construits, et par leur finalité, c'est-à-dire par rapport au but dans lequel ils ont été construits, agissent dans un contexte cognitif. La question est alors la suivante: peut-on dire d'un organisme vivant qu'il se connaît? est-ce qu'un programme d'ordinateur qui fait montre de capacités cognitives se connaît?

Tout dépend de ce que l'on entend par *se connaître*, par *posséder une connaissance de soi*. A première vue, il semble bien que tout organisme se connaisse — si l'on entend par là que dans son fonctionnement, dans ses réactions à l'extérieur, il distingue, il sait distinguer, entre soi et non-soi. En ce sens, on peut dire qu'un organisme se connaît quand il se reconnaît. Tout système immunitaire est fondé sur cette capacité de distinguer entre soi et non-soi, et de rejeter le non-soi comme étranger, comme nocif au soi. L'immunologie, la science que nous avons des systèmes immunologiques des organismes vivants, introduit dans notre concept de l'organisme les notions de soi et de non-soi.

Du fait que l'organisme distingue effectivement les cellules qui lui appartiennent de celles qui ne lui appartiennent pas, on ne peut déduire qu'il *sait* distinguer entre soi et non-soi. En effet, on sait qu'il est possible de *tromper* l'organisme, de *ruser* avec lui, en lui faisant prendre pour siennes des cellules qui ne le sont pas; ou en affaiblissant ses systèmes de défense et en le prenant pour ainsi dire de force. Plus encore, le fait de distinguer entre soi et non-soi, et même de savoir distinguer entre soi et non-soi, n'entraîne pas nécessairement une connaissance de soi. Les cellules qui font partie du système immunitaire du rat et qui rejettent une greffe étrangère, ne possèdent pas nécessairement en elles-mêmes un modèle de rat, elles ne se reconnaissent pas nécessairement comme faisant partie de ce modèle. Pour expliquer leur action de rejet, il suffit de leur attribuer une capacité de discriminer et de rejeter qui, on l'a vu, peut être trompée et contournée.

Il est plus simple de poser que l'organisme ne se connaît pas et ne se reconnaît pas: mais qu'il agit — à nos yeux — comme s'il se connaissait et se reconnaissait. La connaissance de soi que nous attribuons à l'organisme est l'expression de notre manière de voir et d'interpréter de manière analogique une série d'actions et de réactions de l'organisme à l'occasion d'une greffe. C'est par comparaison avec notre propre manière d'agir que nous disons que l'organisme se reconnaît, qu'il distingue entre soi et non-soi. En soi, l'organisme agit et réagit en fonction d'éléments et de procédures qui sont du domaine de la biologie moléculaire et de la physiologie, et qui n'ont rien à voir avec une connaissance de soi, au sens où *je* me connais. Bien entendu, il est fort probable que c'est à partir d'effets de biologie moléculaire et de physiologie qu'émerge la connaissance que j'ai de moi comme distinct de non-moi. Il n'en reste pas moins que je m'accroche à cette *illusion*, et que c'est elle qui guide mon appréciation de la conduite immunitaire de l'organisme.

Qu'en est-il pour le programme d'ordinateur? Est-ce qu'un programme qui sait exprimer ses limites d'application, qui est capable d'afficher sur l'écran que telle ou telle question n'est pas de son domaine, est-ce qu'un tel programme se connaît, puisqu'il semble savoir distinguer ce qui lui appartient de ce qui ne lui appartient pas? Reconnaître la pertinence d'une donnée d'origine externe semble bien supposer dans le programme une idée de soi et de non-soi. En outre, le programme d'ordinateur, tout inanimé qu'il soit, paraît même avoir un avantage sur l'organisme vivant, en ce que l'organisme est muet, il n'exprime en langage ni son acceptation de soi, ni son rejet de non-soi — c'est nous qui parlons pour lui; alors que le programme *parle*, dans les limites de son lexique et de sa syntaxe. L'organisme, comme nous, est vivant; c'est par analogie avec cet aspect que nous lui attribuons en certaines circonstances la connaissance de soi. Le programme, comme nous, parle; c'est ce qui, chez lui, nous pousse à l'analogie.

Par exemple, dans un système expert, toute question extérieure au domaine du système est rejetée comme non-pertinente: il ne la reconnaît pas, et il affiche cette non-reconnaissance. Par contre, une question pertinente, mais sans solution, reste dans le cadre du système expert; et celui-ci affiche qu'il reconnaît que la question appartient au domaine pertinent, et qu'il ignore la réponse. C'est dire que le système a une idée de son domaine propre, même s'il ne le balise pas entièrement — un peu à la manière dont j'ai l'impression de me connaître tout en ne connaissant pas en détail tout ce qui a trait à moi. Je dis que le programme se connaît puisqu'il sait me dire ce qui lui appartient et ce qui ne lui appartient pas. Mais il saute aux yeux qu'il en est ainsi parce que c'est moi, son programmeur, qui le fait parler: même s'il lui arrive de dire des choses auxquelles je n'ai pas pensé. Le programme parle comme moi, parce que c'est moi qui lui mets les mots à la bouche, parce que c'est moi, son programmeur qui parle à travers lui. Il se connaît dans la mesure où je le connais, dans la mesure où je le fabrique se connaissant, s'auto-référant. Tant que le programme ne sait se reproduire, c'est moi qui lui apprend à parler — même si en fin de compte, il parle, il calcule, il discrimine, il mémorise, il apprend, mieux que moi.

La monade leibnizienne

Dans cet examen de la connaissance de soi, où sommes-nous? Nous avons vu que (le concept de) Dieu ne peut se connaître, parce qu'il ne peut avoir de représentation-copie de soi, et surtout parce que comme Dieu est seul avec soi-même, il n'a pas de non-soi par rapport auquel il puisse situer son soi. La pierre ne peut se connaître, car elle n'a pas de soi qu'elle puisse dresser face au non-soi qui lui sert d'environnement. Quant à l'organisme vivant, il semble bien donner l'impression qu'il possède une connaissance de soi, en ce que, dans certaines circonstances, il agit comme s'il savait distinguer entre soi et non-soi. Cependant je me rends compte que c'est moi, sujet connaissant de la situation cognitive d'observation de cet organisme, qui induis cette connaissance de soi à partir de l'observation de l'activité de l'organisme. C'est par analogie avec mon mode de fonctionnement et ce qui, à mes yeux, cause ce fonctionnement, que j'attribue la connaissance de soi à l'organisme: en fait si l'organisme possède une connaissance de soi, je ne peux rien en savoir, car il ne m'est pas possible de sortir de ma propre situation cognitive pour l'observer en soi. Enfin, le programme d'ordinateur n'a de connaissance de soi qu'autant que lui en fournit son programmeur en le construisant. Ne peut-on donc jamais parler de connaissance de soi?! C'est à ce stade que j'en arrive à la monade leibnizienne.

Mais d'abord, qu'est-ce qu'une monade? Voilà ce qu'en dit Leibniz au début de la Monadologie: «(1)La Monade dont nous parlerons ici n'est autre chose qu'une substance simple qui entre dans les composés: simple, c'est-à-dire sans parties... (3) Or là où il n'y a point de parties, il n'y a ni étendue, ni figure, ni divisibilité possible. Et ces Monades sont les véritables Atomes de la Nature et en un mot les Éléments des choses... (6) Ainsi, on peut dire que les Monades ne sauraient commencer ni finir que tout d'un coup, c'est-à-dire, elles ne sauraient commencer que par création, et finir par annihilation; au lieu que ce qui est composé commence ou finit par parties. (7) Il n'y a pas moyen aussi d'expliquer comment une Monade puisse être altérée ou changée dans son intérieur par quelque autre créature; puisqu'on n'y saurait rien transposer, ni concevoir en elle aucun mouvement interne qui puisse être excité, dirigé, augmenté ou diminué là-dedans; comme cela se peut dans les composés, où il y a du changement entre les parties. Les Monades n'ont point de fenêtres, par lesquelles quelque chose y puisse entrer ou sortir... Ainsi, ni substance ni accident ne peut entrer de dehors dans une Monade... (11) Il s'ensuit de ce que nous venons de dire, que les changements naturels des Monades viennent d'un *Principe interne*, puisqu'une cause externe ne saurait influer dans son intérieur. »

Par ailleurs (in *Théodicée* 396), Leibniz soutient que « toutes les âmes, entéléchies ou forces primitives, formes substantielles, substances simples ou monades, de quelque nom qu'on puisse les appeler, ne saurait naître naturellement ou périr ». On constate ici l'assimilation que fait Leibniz entre monades et âmes — qui montre bien qu'il élabore le concept de monade à partir des concepts classiques d'âme et d'entéléchie. Enfin, pour ce qui est de la monade considérée comme une substance simple, voilà ce que dit Leibniz de la substance (in *Discours de Métaphysique* IX): « Toute substance est comme un monde entier et comme un miroir de Dieu ou bien de tout l'univers, qu'elle exprime chacune à sa façon, à peu près comme une même ville est diversement représentée selon les différentes situations de celui qui la regarde. Ainsi l'univers est en quelque façon multiplié autant de fois qu'il y a de substances, et la gloire de Dieu est redoublée de même par autant de représentations toutes différentes de son ouvrage. On peut même dire que toute substance porte en quelque façon le caractère de la sagesse infinie et de la toute puissance de Dieu, et l'imite autant qu'elle en est susceptible. Car elle exprime quoique confusément tout ce qui arrive dans l'univers, passé, présent, ou avenir, ce qui a quelque ressemblance à une perception ou connaissance infinie; et comme toutes les autres substances expriment celle-ci à leur tour et s'y accommodent, on peut dire qu'elle étend sa puissance sur toutes les autres à l'imitation de la toute puissance du Créateur. »

Dans quel sens peut-on dire de la monade leibnizienne qu'elle se connaît elle-même et qu'elle ne connaît que soi? Leibniz, on vient de le voir, a élaboré son concept de monade sur le modèle de la substance simple par excellence, l'âme humaine, dont il a cherché à étendre la portée. Toute monade possède les facultés de perception (Monadologie (14) et d'appétition (15); mais seule l'âme humaine, qui est une monade dont la perception s'accompagne de mémoire (19, 26), possède en outre la raison et la conscience de soi: (28) « Les hommes agissent comme les bêtes, en tant que les consécutions de leurs perceptions ne se font que par le principe de la mémoire... (29) Mais la connaissance des vérités nécessaires et éternelles est ce qui nous distingue des simples animaux, et nous fait avoir la *Raison* et les sciences, en nous élevons à la connaissance de nous-mêmes et de Dieu. Et c'est ce qu'on appelle en nous Ame raisonnable ou *Esprit*. (30) C'est aussi par la connaissance des vérités nécessaires et par leurs abstractions, que nous sommes élevés aux *actes réflexifs*, qui nous font penser à ce qui s'appelle *Moi*, et à considérer que ceci ou cela est en Nous: et c'est ainsi qu'en pensant à nous, nous pensons à l'Être, à la substance, au simple ou composé, à l'immatériel et à Dieu lui-même; en concevant que ce qui est borné en nous est en lui sans bornes. Et ces Actes réflexifs fournissent les objets principaux de nos raisonnements. »

La monade est un point de vue sur l'univers tout entier, elle peut — théoriquement tout au moins — connaître tout ce qui est, mais de son point de vue uniquement; (57) « comme une même ville regardée de différents côtés paraît tout autre et est comme multipliée perspectivement; il arrive de même, que par la multitude infinie des substances simples, il y a comme autant de différents univers, qui ne sont pourtant que les perspectives d'un seul selon les différents points de vue de chaque Monade. » Mais cette connaissance théoriquement illimitée est toujours partielle. D'abord, car « une âme ne peut lire en elle-même que ce qui y est représenté distinctement, elle ne saurait développer tout d'un coup ses replis, car ils vont à l'infini » (61). D'autre part, comme la monade est sans fenêtres sur l'extérieur, il ne peut s'agir que d'une connaissance de ce qui est en elle, de son point de vue interne, même si celui-ci est un point de vue englobant sur l'univers tout entier.

La monade fermée sur elle-même ne connaît que ce qu'elle contient en soi, tout en sachant, d'une connaissance d'un autre genre (à moins que seule la monade-Leibniz en soit informée), qu'elle n'est pas seule à exister, qu'il existe une infinitude d'autres monades, et surtout qu'il existe une Monade des monades qui est Dieu, qui a créé toutes les monades par fulguration, et les a adaptées les unes aux autres, dans son grandiose dessein de créer le meilleur des mondes possibles, le monde de l'harmonie préétablie par Dieu. Il s'ensuit que la connaissance que possède chacune de ces monades correspond véridiquement à la connaissance générale de l'ensemble-univers constitué par l'ensemble de ces monades: sans qu'aucune d'elles ne puisse le savoir vraiment, puisqu'elles sont fermées les unes aux autres et ne peuvent communiquer entre elles.

La monade est aussi partagée entre l'illimité et le limité; à la fois point de vue sur l'ensemble de ce qui est, et monde fermé sur soi, qui ne connaît que ce qui est en elle et selon ses propres limitations. Elle ne peut voir que ce qui se passe en elle, elle ne peut décrire que son propre déroulement interne. Elle a l'illusion de pouvoir tout savoir, elle ne connaît que soi. Non pas un soi qui s'autoconstituerait à la manière d'un Dieu, mais un soi qu'elle subit et sur lequel elle ne peut agir: à la manière d'« une espèce de Machine divine, ou d'un Automate naturel, qui surpasse infiniment tous les automates artificiels. » (64), machine qui déroule en soi ses propres péripéties et les enregistre passivement, machine qui possède les capacités cognitives nécessaires pour connaître, pour avoir conscience, de son propre déroulement tel que Dieu l'a préétabli.

En partant de ces prémisses — il existe des monades, qui sont fermées sur elles-mêmes, qui possèdent des capacités cognitives (perception, appétition, mémoire, raison), et qui constituent autant de points de vue différents sur l'ensemble de ce qui est — on constate que ces monades peuvent connaître chacune son point de vue (ne serait-ce que partiellement) et ne peuvent connaître que lui. Cependant, cette monade ne peut sortir de soi, elle ne peut (me) faire savoir qu'elle sait, qu'elle se connaît, qu'elle ne connaît que soi: et c'est uniquement en me considérant moi-même comme une monade fermée sur soi (j'imagine que c'est ainsi que Leibniz se considérait quand il pensait *monadiquement*) qu'il m'est possible d'envisager — à partir de ma propre introspection — la possibilité pour d'autres monades de connaître leur point de vue personnel, sur le modèle de la connaissance que j'ai du mien: à condition d'admettre qu'elles existent, qu'elles me ressemblent en leurs capacités cognitives, que leur déroulement interne correspond au mien.

Nous avons vu plus haut que le savoir-être de Dieu recouvre entièrement son être, que (pour Leibniz tout au moins) le point de vue de Dieu réunit l'ensemble des points de vue possibles sur l'être, et que (le concept de) Dieu est privé (libéré) de conscience de soi et de reflexivité, car celles-ci porteraient atteinte à sa perfection absolue. En contreposition, la monade n'est qu'un point de vue partiel sur ce qui est, elle se reconnaît comme imparfaite, elle est capable de prendre conscience de soi et de se réfléchir. Compte-tenu de ces données, reprenons le problème à nouveau: en quel sens peut-on dire de la monade qu'elle se connaît?

La connaissance de soi de la monade s'entend selon deux perspectives cognitives: la monade qui se connaît comme connaissant tout ce qu'elle contient, et la monade qui se connaît comme distincte de ce qui n'est pas elle, à l'intérieur même de son point de vue sur ce qui est. Considérée comme un point de vue sur l'ensemble de ce qui est, la monade ne peut connaître que ce point de vue, puisqu'elle ne peut connaître que ce qu'elle contient. Sous cette perspective, tout savoir de la monade est un savoir de soi, de ce qui se trouve en soi. A l'intérieur de ce point de vue, elle distingue entre ce qui est elle et ce qui n'est pas elle. Un univers tout entier est perçu en elle, elle n'est pas seule dans son monde. Dans cet univers qu'elle contient en soi, elle découvre l'existence de Dieu, d'autres monades, de composés de monades, de principes, de lois, de règles. A l'aide des facultés cognitives dont elle dispose, la monade apprend à se connaître, elle apprend à distinguer, à discerner, à organiser, à classer, les données qu'elle découvre en soi: elle se connaît en faisant de l'ordre en soi.

Ce n'est pas tout. En apprenant à connaître son point de vue sur ce qui est, la monade élabore des théories, elle élargit son point de vue sous l'effet de son activité cognitive. Bien sûr, et telle est l'opinion de Leibniz, on peut dire que pour elle tout est déterminé d'avance, que tout s'y déroule selon un plan préconçu, que de toute éternité, depuis sa création par fulguration, la monade-Leibniz était vouée à écrire le *Discours de Métaphysique*, la *Théodicée*, la *Monadologie*. Il n'en reste pas moins qu'à un moment donné de la vie de Leibniz, des transformations ont eu lieu dans son point de vue sur ce qui est: des éléments idéels nouveaux — qui étaient peut-être déterminés d'avance — se sont ajoutés à son stock d'idées pour le transformer et l'enrichir. C'est dire que non seulement la monade sait être son point de vue, non seulement elle est capable de le connaître — tout au moins partiellement, là où elle en prend conscience — , mais elle est aussi capable de l'enrichir par son activité cognitive.

Cependant, ce savoir de la monade est toujours subjectif, puisqu'elle ne peut connaître et exposer que son point de vue propre, et cela de la manière dont elle le perçoit. Tout savoir de la monade est un savoir relatif à elle; elle est le sujet connaissant de tous les savoirs dont elle dispose, puisque c'est en soi qu'elle découvre les contenus cognitifs de ses éventuelles situations cognitives. La théorie des monades, telle que Leibniz l'a exposée, ne cherche donc pas tant à proposer une description de la *réalité*, mais plutôt à rendre compte — à la suite de la démarche cartésienne du cogito — de la subjectivité inhérente à tout savoir, à rendre compte du fait que c'est toujours un *je* qui sait. Tout savoir d'une monade est subjectif, non pas parce qu'il traite d'un soi, d'un sujet, mais parce qu'il traite d'un en-soi, de ce qui se trouve dans le sujet, dans la monade.

Ce qui spécifie la monade leibnizienne, ce n'est pas tant la distinction des points de vue, que l'impossibilité essentielle où est la monade de communiquer avec d'autres monades; et donc ce solipsisme cognitif dans lequel le grand communicateur qu'était Leibniz s'est laissé entraîner pour être conséquent avec sa théorie de l'individualité des substances simples et de la multiplicité des points de vue sur l'être. La monade, fermée sur elle-même, différente de toutes les autres monades, et sans fenêtres sur l'extérieur, ne peut faire part du savoir qu'elle possède à partir de son point de vue sur l'être, à personne d'autre qu'à soi. Chaque monade ne parle que de ce qu'elle contient en soi, et n'en parle qu'à soi. C'est par un effet de la bonté divine que tous ces monologues — par delà l'illusion de dialogue qu'ils manifestent en eux-même — correspondent entre eux. L'objectivité pour les monades réside dans l'intersubjectivité telle que l'a voulue Dieu et telle qu'il la réalise par le moyen de l'harmonie préétablie.

Cependant — et on arrive là à l'autre aspect de la connaissance de soi — bien que la monade ne parle qu'à soi et que de ce qu'elle contient en soi, elle ne parle pas que de soi. On est amené ainsi à distinguer dans la monade entre ce qu'elle contient et ce qu'elle est. Dans la connaissance de soi qu'à la monade dans cette deuxième acception, elle se connaît dans la mesure où elle est apte à distinguer, à l'intérieur de son propre point de vue, entre soi et non-soi. La monade se connaît comme un sujet de savoir, comme le centre de son point de vue, comme ce qui pour elle et en elle est privé, par rapport à ce qui en elle et pour elle est public: elle a conscience de soi comme distinct de non-soi à l'intérieur de son point de vue. A l'intérieur de son univers, elle situe ce qui est, par rapport à soi, qui est un *je* qui sert de point de référence par rapport auquel tout le savoir de la monade se déploie. La monade se connaît comme le sujet connaissant de toutes ses situations cognitives, qu'elles soient de perception, d'appétition, de sensation, de raisonnement.

On aboutit ainsi à une conclusion qui, tout en n'étant pas logiquement contraignante, me paraît cependant intéressante, tant pour comprendre la théorie leibnizienne des monades que le sens profond du concept de connaissance de soi. La monade, bien qu'elle soit enfermée dans son propre point de vue et ne puisse communiquer qu'avec soi, ne peut avoir de connaissance de soi que dans la mesure où elle connaît autre chose que soi. Elle sait qu'elle n'est pas Dieu, elle se considère comme distincte des autres monades dont elle perçoit/suppose l'existence. C'est le non-soi de son point de vue sur l'être qui lui permet de cerner, de situer, son soi. Au niveau du savoir conscient, réflexif, elle ne peut se connaître qu'en contre-position à ce qui n'est pas elle, elle ne peut avoir une représentation de soi que sur fond de non-soi. Dans la mesure où elle emploie un langage pour exprimer la connaissance qu'elle a de soi, son *je* se situe par rapport à un *non-je*, ne serait-ce que parce qu'elle se décrit par le moyen de catégories d'une plus grande extension qu'elle-même.

Cette discussion de la connaissance de soi a mis en lumière trois aspects différents. D'abord, la connaissance de soi sous l'aspect du savoir-être, du savoir-fonctionner. Sous cet angle, tout ce qui est — qu'il s'agisse (du concept) de Dieu, de la pierre, de l'organisme, du langage, des théories scientifiques, etc. — sait être ce qu'il est, même s'il lui arrive d'être un monstre à nos yeux. En ce sens, on peut parler métaphoriquement d'une connaissance de soi qui désigne la virtualité de ce qui se réalise effectivement. Sous cet aspect, Dieu est le seul être qui sait être réellement, car en lui il n'y a pas de distinction entre ce qui est virtuel et ce qui est actuel, entre ce qu'il peut être et ce qu'il est. Dieu se connaît entièrement, car il est sa propre norme d'être.

Second aspect : la connaissance de soi considérée comme la connaissance de ce qui se trouve en soi. La monade leibnizienne fermée sur elle-même, ne peut connaître que ce qui est en elle. Elle se connaît comme point de vue sur ce qui est — sans pouvoir sortir de ce point de vue. A la fois point de vue sur l'être et regard sur ce point de vue, en contemplant elle se contemple. En ce sens tout savoir de la monade est marqué par la position de la monade, et celle-ci ne peut y échapper. C'est dire qu'il n'y a pas, qu'il ne peut y avoir de savoir objectif : car tout savoir est fonction de celui qui connaît — et chaque connaissant a un autre point de vue sur ce qui est : sauf le Dieu de Leibniz qui, de manière mystérieuse, unit en soi tous les points de vue à la fois. S'il y a un savoir commun à toutes les monades — qu'il s'agisse de vérités logiques, de principes métaphysiques, de lois naturelles, de règles de calcul — ce savoir n'est pas objectif, ne reflète pas une réalité externe aux monades ; il est plutôt intersubjectif, non pas comme résultant de la communication entre substances — puisqu'une telle communication est pour Leibniz impossible par définition —, mais comme conséquence de la volonté de Dieu qui a harmonisé les monades entre elles.

Enfin, troisième aspect : la connaissance de soi comme distinct de non-soi, la connaissance que possède le sujet d'une situation cognitive quand il se considère soi-même comme objet de savoir. La monade leibnizienne se connaît quand elle prend conscience de soi, quand elle prend conscience de son existence comme distincte de ce qui n'est pas elle, à l'intérieur même du point de vue qu'elle constitue. Une monade se connaît quand elle se reconnaît comme le sujet d'une situation cognitive, comme distincte des divers objets de savoir qu'elle vise. En ce sens, ni Dieu, ni une pierre, ni un organisme, ne peuvent se connaître: Dieu, parce qu'il est par excès, car pour lui il n'y a pas de non-soi; la pierre parce qu'elle est par défaut, pour elle il n'y a que du non-soi; l'organisme, parce que, même si pratiquement il semble savoir distinguer entre soi et non-soi, il ne sait pas (me) le dire.

CHAPITRE 6

LA CONNAISSANCE DE NON-SOI

En examinant le mode de connaissance de l'objet de savoir, tel qu'il est appréhendé dans une situation cognitive, j'ai poussé à ses limites une première option, celle de la connaissance exclusive de soi: dans quel genre de situation cognitive, et surtout par rapport à quels sujets connaissants, peut-on parler d'une connaissance exclusive de soi, et dans quel sens; pour aboutir au constat que la connaissance de non-soi est une condition nécessaire pour toute connaissance de soi. Je vais maintenant examiner la perspective inverse, et montrer que dans une situation cognitive, il ne peut y avoir connaissance de non-soi sans une connaissance de soi. Je rappelle que l'intérêt de cette mise en scène idéelle est de faire apparaître des lignes de force structurelles sur la situation cognitive poussée à ses limites.

Imaginons donc des situations cognitives dans lesquelles le sujet connaissant connaît autre chose que soi. Des situations cognitives pareilles, nous en rencontrons sans cesse : non seulement quand il s'agit de savoir faire et de savoir agir, mais aussi quand il s'agit de savoir (que). Savoir faire un gâteau, savoir jouer un rôle, savoir faire fonctionner une machine, savoir comment fonctionne une machine, tout cela n'implique pas que le sujet de ces situations cognitives ait une connaissance de soi — tout au moins dans le cadre de ces situations cognitives particulières. En ce sens, on peut dire que dans d'innombrables situations cognitives, le sujet connaissant se conduit comme s'il n'avait connaissance que de non-soi, c'est à dire comme si — dans ces cas — il n'avait pas connaissance de soi. Quelle relation y a-t-il entre une telle connaissance de non-soi et une éventuelle connaissance ou non-connaissance de soi ?

La question n'est pas de savoir s'il existe des situations cognitives dans lesquelles le sujet connaissant connaît du non-soi, puisque tel est le cas le plus fréquent, mais plutôt s'il existe des situations cognitives dans lesquelles le sujet connaissant ne peut se connaître soi-même, ne peut connaître que du non-soi. On constate que la question ne porte plus sur la nature de l'objet de savoir, mais sur la nature du sujet connaissant : et il ne saurait en être autrement, puisque, quel que soit le contenu de la situation cognitive, c'est toujours autour du sujet connaissant que celle-ci se déploie. On est ainsi amené à distinguer dans une situation cognitive entre ce qu'elle exprime et ce qui la rend possible. Puis-je, à titre de sujet connaissant, envisager une situation cognitive dans laquelle il ne me serait pas possible de me connaître tout en connaissant autre chose que moi ? A quelles conditions *je* cesse-t-il d'intervenir dans ma fonction de sujet connaissant ?

Examinons une situation cognitive de connaissance de non-moi. Je sais l'anglais : la langue anglaise, ce n'est pas moi ; j'ai donc une connaissance de non-moi. Qu'est-ce que cette connaissance de non-moi implique par rapport à moi ? A quelles conditions puis-je connaître l'anglais sans me connaître ? Plus encore, quelles sont les conditions sur *je* pour que, en connaissant l'anglais, je ne puisse me connaître, je ne puisse connaître que non-moi ? Cela revient à se demander si *je* peux connaître l'anglais sans me connaître moi ; et, à la limite, sans être *je*, sans savoir être *je*. La réponse est oui et non : cela dépend de ce que j'entends par *être je*, par *savoir être je*.

Si par *savoir être je*, j'entends simplement le fait d'être *je*, il me paraît impossible de savoir l'anglais sans être *je*, donc sans savoir être *je*, puisque *je* sais l'anglais. Je voudrais approfondir cette position, et pour cela développer une option cognitive plus radicale. Prenons des entités qui jouent le rôle de sujets connaissants par rapport aux situations cognitives *apparentes* dans lesquelles elles se trouvent — sans que ces entités puissent se connaître comme jouant le rôle de sujet connaissant. Soit un thermomètre qui enregistre des températures, un système expert qui répond de manière pertinente aux questions qui appartiennent à son domaine d'application, un organisme qui réagit à des perturbations de son environnement: en quel sens pouvons-nous dire que nous avons affaire à des sujets connaissants? (On remarque combien la dénomination *sujet* est équivoque quand elle désigne des entités fonctionnelles qui réagissent dans des situations qui (nous) paraissent semblables aux situations cognitives dans lesquelles *nous* nous trouvons).

Le thermomètre — tant qu'il fonctionne correctement — sait être (à mes yeux) thermomètre. De même, le système expert sait être ce que j'attends de lui, même quand il affiche qu'il ne sait pas répondre à telle ou telle de mes questions, car elle est hors du domaine de sa compétence. Quant à l'organisme, il sait réagir à certaines perturbations — dans les limites de ses capacités et de sa tolérance —, et il est capable de se rééquilibrer par rapport à elles. Donc quand la question de la connaissance de soi, du *savoir être soi* se pose, tant qu'il s'agit du fonctionnement de l'entité *connaissante*, on peut dire *métaphoriquement* qu'elle se connaît, qu'elle sait être ce qu'elle est, tant qu'elle fonctionne correctement selon la manière dont elle a été *programmée*: et c'est ce fonctionnement correct (à mes yeux) que je désigne comme le *savoir être soi* de l'entité en question. De ce point de vue, non seulement je *sais* l'anglais, mais aussi le thermomètre *sait* mesurer la température, le système expert *sait* répondre à des questions pertinentes, l'organisme *sait* réagir à des perturbations externes, etc. En ce sens, tout fonctionnement, quand on l'interprète comme une connaissance de non-soi, implique une connaissance de soi, un savoir-être-soi.

Cependant, il ne viendrait à personne l'idée d'interroger le thermomètre pour lui demander s'il sait qu'il sait mesurer des températures — l'obstacle évident est ici le langage, ou plutôt, le manque de langage, mais ce n'est pas là le seul obstacle. Je sais que le thermomètre *sait* mesurer la température — mais je suis intimement persuadé (peut-être à tort) que le thermomètre lui-même ne le sait pas. Je traduis cette croyance en disant que le thermomètre n'a pas de conscience de soi, ou encore qu'il n'a pas de conscience du tout, qu'il est non-vivant, inanimé. Sous quelle forme puis-je poser la question de la connaissance de soi du système expert? Si je demande au système expert, par l'intermédiaire de l'écran avec lequel je suis en *contact* avec lui, s'il sait qu'il connaît ce qui appartient à son domaine d'expertise, il me répondra qu'il ne comprend pas ma question. En fait, il s'agit là de la réponse du programmeur qui a construit dans son programme cette réponse-standard à toutes les questions non-pertinentes: et celle-ci en est une pour le système expert.

Cela revient à dire que le système expert *sait* réagir à ce qui appartient à son domaine sans *savoir* qu'il le sait. Or, aussi bien son savoir de sa compétence et son non-savoir de soi portent l'empreinte du programmeur — puisque le programmeur aurait pu construire un programme qui à ma question de la connaissance de soi produise une réponse automatique qui me trompe et me fasse croire que le système a compris ma question: ainsi par exemple en répondant « oui, je sais que je connais mon domaine d'expertises ». (Quelle serait ma réaction si le système affichait comme réponse « non, je ne sais pas que je connais mon domaine d'expertise » !). En fait, c'est moi, questionneur, qui attribue un savoir au système expert, dans la mesure où il sait répondre à mes questions dans le domaine de sa compétence, puisqu'à ma question « que sais-tu faire? », il me dit qu'il sait reconnaître des minéraux, diagnostiquer des maladies, etc. — de même que c'est moi questionneur qui attribue un savoir au thermomètre, qui est de savoir mesurer la température.

Venons-en à l'organisme vivant: est-ce que cela présente un sens de se demander si un organisme, qui sait réagir à des perturbations externes et se rééquilibrer par rapport à elles, à une connaissance de soi? Est-ce que le chien qui sait rentrer dans son foyer, sait qu'il sait le faire, a-t-il conscience de soi comme distinct de son fonctionnement? Est-ce que la bactérie attirée par la lumière sait reconnaître le milieu lumineux, et surtout sait-elle qu'elle le sait? Sur une échelle (de notre appréciation) des étants, le chien nous paraît plus proche de nous, le thermomètre plus éloigné, et la bactérie quelque part entre les deux, à peine vivante, sans différentiation interne marquée, semblant fonctionner plutôt qu'agir. Qu'en est-il de la pierre, qui *sait* juste tomber, qu'en est-il du système expert, qui n'est pas vivant — donc moindre qu'une bactérie, plutôt un thermomètre amélioré —, mais qui sait parler, répondre, refuser de répondre: où est-il sur cette échelle de la connaissance-non-connaissance de soi?

On est ainsi amené à considérer ces diverses conduites cognitives comme autant de manières que nous avons d'apprécier les fonctionnements qui nous paraissent cognitifs dans ces entités en fonction de leur *distance* à nous, ou plutôt du sentiment que nous avons de leur distance à nous: échelle qui va du moins semblable au plus semblable, de la métaphore cognitive à la similitude cognitive en passant par l'analogie cognitive. Je dis qu'un thermomètre *sait* mesurer la température, dans la mesure où il manifeste une apparence de conduite cognitive: je me mets à sa place et je me dis qu'en mettant mon doigt dans ce liquide, je saurai s'il est chaud, tiède ou froid. En outre je dis qu'il agit en totale conformité avec ses propres moyens et n'a pour ainsi dire aucune latitude dans son fonctionnement. Il ne peut refuser d'être un thermomètre et d'agir comme tel — à moins de se briser et donc de ne plus fonctionner du tout comme thermomètre. Il agit à la place de mon doigt, il est un instrument pour moi, et n'est que cela.

Le système expert, tout en étant plus complexe que le thermomètre, n'en est pas si éloigné. Imaginons que je branche un thermomètre sur un écran, et que sur l'écran se trouve affichée la température du liquide dans lequel j'ai trempé le thermomètre. Bien sûr, le système expert fait mieux que cela, mais dans la même direction. Une fois son programme établi, une fois délimité son domaine de compétence, le système expert enregistre des données externes, les analyse à la lumière de son *savoir*, et affiche les résultats. Ce qui m'impressionne en tant que consommateur, c'est qu'il *sait* me parler, qu'il me répond dans mon langage. Or savoir parler m'a toujours semblé le propre de l'homme. Cependant comment puis-je oublier que derrière le système expert — tant que des machines ne sauront fabriquer des machines de leur propre initiative —, il y a toujours le programmeur qui me parle, de même que derrière le thermomètre il y a son constructeur, et que derrière l'information que nous donne la nature il y a l'interprète humain de ces phénomènes.

La bactérie est déjà plus proche de nous — ne serait-ce que parce que je peux la tuer (mais je peux aussi briser le thermomètre, détruire la disquette sur laquelle est inscrit le système expert — ce qui est aussi une manière de les *tuer*). Il me semble que la bactérie a quelque latitude dans son fonctionnement, qu'il y a parfois en elle quelque chose d'inattendu (n'en est-il pas de même pour des particules quantiques ou dans le cas du mouvement brownien?!). Bien sûr, si par sa nature elle est attirée vers la lumière, elle y ira: mais pas toujours, et parfois en faisant des détours, en rebroussant chemin. Elle (me) donne l'impression d'avoir une volonté, un pouvoir d'agir qui n'est pas pur fonctionnement. Mais là aussi, il est tout à fait possible que je n'en sais pas assez, que ce qui me paraît volontaire a une explication causale, déterministe ou probabiliste, qui fait qu'elle ne diffère pas en son essence du thermomètre et de son fonctionnement. Il n'en reste pas moins que je lui attribue une capacité d'agir arbitrairement qui n'est pas identique au disfonctionnement d'un thermomètre. Mais je ne lui attribue pas, sauf poétiquement, une connaissance de soi par rapport au milieu dans lequel elle se trouve, et qui, à mes yeux, est un non-moi pour elle.

Enfin, avec le chien, je me reconnais souvent dans sa manière de se conduire, je retrouve en lui des (mes) sentiments, des expressions d'humeur, des appréciations, des hésitations, etc. Il sait rentrer chez soi, pas toujours par la même route, il me regarde avec des yeux lourds de reproche, bref il m'est très proche. Sait-il qu'il sait, se connaît-il comme distinct de ce qui n'est pas lui? Parfois, j'ai vraiment l'impression que oui, qu'entre mammifères on se ressemble et on se reconnaît; et parfois j'ai l'impression que non, que ce n'est qu'un faux-semblant, que le chien ne me ressemble pas, qu'il ne se connaît pas. Que ce soit oui ou non, je me retrouve toujours en prise avec Protagoras: l'homme mesure de toutes choses, et donc aussi mesure de ce qui lui est proche et de ce qui lui est éloigné, l'homme comme mesure de toute activité cognitive — ou encore, la cognitivité en général en dépendance directe de la cognitivité humaine.

Puisque tout savoir est à l'aune du sujet connaissant humain, interrogeons maintenant les situations cognitives humaines, après être passé par le détour des situations cognitives analogiques. La question la plus intéressante est à plusieurs facettes: puis-je savoir l'anglais sans savoir que *je* sais l'anglais? Puis-je savoir que je sais l'anglais sans savoir que *je* sais que je sais l'anglais? Quelle connaissance de moi dois-je avoir pour savoir l'anglais, quelle connaissance de moi dois-je avoir pour savoir que je sais l'anglais? D'une part une situation cognitive dans laquelle je me trouve directement plongé; d'autre part une situation cognitive dont l'objet de savoir est lui-même une autre situation cognitive. Quand je sais l'anglais, je me trouve directement immergé dans la situation cognitive de savoir l'anglais, je sais l'anglais en acte — ainsi quand je lis un texte en anglais, quand je tiens une conversation en anglais, quand je traduis un texte de français en anglais. Quand je sais l'anglais, je me trouve dans une situation cognitive de premier ordre; quand je sais que je sais l'anglais, je me trouve dans une situation cognitive de deuxième ordre.

Dans une situation cognitive de premier ordre, *je* n'est qu'un élément ontologique, indispensable pour que la situation cognitive puisse avoir lieu. *Je* connaît du non-je sans être conscient du fait que *je* connaît du non-je; mais *je* doit exister pour qu'une situation cognitive soit possible. A ce niveau, *je* joue un rôle d'ancrage ontologique. Cette fonction d'ancrage ontologique du *je*, on la retrouve dans toutes les situations cognitives, de quelqu'ordre qu'elles soient: mais ce n'est que dans les situations cognitives de premier ordre que seule cette fonction d'ancrage ontologique spécifie le sujet connaissant.

Dans une situation cognitive de deuxième ordre, quand je sais que je sais l'anglais, *je* devient objet de savoir, mais objet liminaire. J'entends par là que *je* n'est pas un objet de savoir proprement dit, ce n'est pas lui qui est visé par cette situation cognitive de deuxième ordre; mais sa présence est marquée sur le terrain cognitif, de manière à ce qu'il y ait distinction entre *je* et *non-je*. Quand je sais que je sais l'anglais, je suis conscient de mon existence comme sujet connaissant, je sais que *ce qui sait l'anglais* n'est pas la langue anglaise, ni toute autre entité, mais *je*, qui est distinct de ce qu'il connaît. Quand je sais que je sais l'anglais, je prends conscience de mon existence comme distincte de l'anglais que je connais, j'ai connaissance du non-moi qu'est l'anglais par rapport à moi, sans pour autant avoir nécessairement connaissance de moi. A ce stade je me connais plutôt en tant que non-(non-moi). *Je* dans une situation cognitive de deuxième ordre ne remplit pas seulement sa fonction de premier ordre d'ancrage ontologique, mais aussi une fonction topologique: je veux dire par là que *je* dans une situation cognitive de deuxième ordre, entoure, limite, cerne, le non-moi que vise la situation cognitive de premier ordre qui est incluse dans cette situation cognitive de deuxième ordre.

C'est dire qu'aussi bien dans les situations cognitives de premier ordre que dans celles de deuxième ordre, le sujet connaissant joue un rôle qui est essentiellement fonctionnel: d'une part, ancrage et support ontologique, et d'autre part, délimitation de l'objet de savoir par rapport à son support ontologique. On remarque que jusque là, il y a constatation de soi, il y a conscience de soi, il n'y a pas connaissance de soi. Je peux être conscient de moi comme sujet d'une situation cognitive, sans pour autant me connaître. C'est dire que quand je pose le problème de ma connaissance de moi, je me retrouve à nouveau dans une situation cognitive à deux ordres: une situation cognitive de premier ordre *je me connais*, où *me* est objet de savoir pour *je*; et une situation cognitive de deuxième ordre *je sais que je me connais*, dans laquelle la situation cognitive de deuxième ordre *je sais que* a pour objet de savoir la situation cognitive de premier ordre *je me connais*. Tout cela pour dire que je ne dois pas me connaître pour savoir que je sais (que), je dois juste savoir que j'existe et que je suis apte à servir de point d'ancrage aussi bien pour les situations de premier ordre que pour les situations cognitives de deuxième ordre — et aussi d'ordre plus élevé — dans lesquelles je me trouve.

C'est la situation cognitive de premier ordre *je me connais* qui est particulière, en ce qu'elle est auto-référentielle, en ce qu'elle semble se boucler sur soi. *Je* sujet connaissant connaît *je* objet de savoir: s'agit-il du même *je*, est-ce que le *je* connaissant est le même que le *je* connu? S'il s'agit du même *je*, la situation cognitive *je me connais*, qui est de premier ordre, équivaut à la situation cognitive *je connais je qui connaît je* qui est de deuxième ordre. Je suis là dans une situation cognitive dans laquelle je suis deux fois mon propre objet de savoir, mais chaque fois à un autre niveau — puisque je me considère à la fois comme sujet connaissant de la situation cognitive de premier ordre, qui, pour le sujet connaissant de deuxième ordre, est un objet de savoir dont la fonction est d'être sujet connaissant; et comme objet de savoir de cette situation cognitive de premier ordre, c'est-à-dire objet de savoir dont la fonction est d'être objet de savoir.

Continuons sur cette lancée. Quand j'examine la situation cognitive de premier ordre *je me connais*, le *je* de cette situation cognitive joue pour moi à mon deuxième niveau le rôle d'ancrage ontologique de cette situation cognitive de premier ordre — et c'est tout ce que je peux en dire. En effet, dès que j'en dis plus, de sujet connaissant de cette situation cognitive de premier ordre, il se métamorphose en objet de savoir de premier ordre. On découvre ainsi que l'objet de savoir *le sujet connaissant de la situation cognitive de premier ordre* « je me connais » n'a pas de contenu propre. Il ne fait que désigner un lieu ontologique, un support indispensable; à la limite, un existant pur, un positionnement dans l'être. Dès que j'en parle, il change de place et devient objet de savoir dans cette situation cognitive de premier ordre: dès que j'en parle, *je* s'éloigne de moi et semble s'objectiver. Dès que je parle de moi, c'est de moi-objet de savoir que je parle, ce n'est pas de moi-sujet, mais d'une représentation de moi.

Quelle est la connaissance que j'ai de moi, objet de savoir pour moi? Qu'est-ce que je connais quand je me connais? Commençons par ce qui me semble facile à connaître, mon corps. Je connais ma main: en reprenant la distinction que propose B. Russel (in *Problems of Philosophy*, chap. 5) et en la transformant légèrement, je connais ma main aussi bien par description que par accointance (*knowledge by acquaintance* que l'on traduit aussi par *connaissance directe*). La connaissance par description ne semble pas faire problème: je connais ma main en la décrivant. Je peux en décrire la forme, le fonctionnement, l'usage. Sous l'aspect de sa description, ma main est pour moi un objet de savoir quasiment externe; à la limite, elle est un non-moi. Je décris ma main par sa forme, par ce qui la distingue d'autres mains, je la décris comme je la vois, comme elle se présente à moi. Par contre, mon foie, mon cerveau, mes poumons, je ne peux les décrire qu'en général, qu'en fonction de ce que j'ai vu sur des planches, sur des photos, ou si je suis un chirurgien, en fonction de ce que j'ai vu sur la table d'opérations. On constate que moins la perception est immédiate, plus l'objectivation, la réification, est grande.

Cependant, et là j'en arrive à la connaissance par accointance, cette main que je décris est aussi ma main, la main avec laquelle j'écris ce texte, la main qui, par l'intermédiaire de mon système nerveux, transcrit les méandres de ma réflexion : ma main que je distingue de mon stylo, de ma machine à écrire, de mon ordinateur. A travers sa description, ma main est objectivée ; par mon accointance avec elle, ma main est perçue directement, elle est perçue par moi comme mienne. Par description, je connais ma main comme du non-moi ; par accointance je la connais comme mienne. Mais, me dira-t-on, en m'amputant de ma main, je subsiste en tant que moi. C'est dire que ma main, tout en faisant partie de moi, ne m'est pas indispensable pour être moi. Et il se trouve que mes organes vitaux, ceux sans lesquels je ne peux pas subsister — mon cerveau, mon foie, mon cœur —, je ne les connais que par description et jamais par accointance : parce que je ne peux les voir, ni les tenir, quand ils sont en fonctionnement — alors que ma main, je la vois, je la tiens. Paradoxalement j'ai accointance avec des organes *dispensables*, et je n'ai connaissance que par description de mes organes vitaux, qui sont cachés de moi, protégés de moi.

En connaissant ma main, mon corps, est-ce que je me connais ? Qu'est-ce que je connais de moi si ce n'est ce qui est connaissable en moi, c'est-à-dire ce que je peux percevoir, intégrer, décrire, de moi. Je dis que ma main est mienne parce qu'elle est rattachée à mon corps, parce qu'elle lui *obéit*, parce que j'ai mal à travers elle, parce qu'il m'arrive de lui faire faire des choses qui me paraissent volontaires, d'autres qu'elle fait automatiquement — comme quand j'écris — en coordination avec mon corps tout entier. Cela revient à dire que ma main est mienne parce qu'elle est en continuité avec moi et parce qu'elle agit — en général — en accord avec moi. Vue sous cet angle, ma main n'est pas moi, elle est à moi, de même que n'est pas moi mon cerveau, mon cœur, mon foie, ma rotule, etc. Et en connaissant toutes ces parties de moi, ce n'est pas moi que je connais, mais ce qui est à moi. En est-il de même pour mes sensations, mes sentiments, mes pensées, mon esprit : sont-ils miens ou sont-ils moi ?

Dès que je cherche à me connaître comme esprit, je me retrouve dans la fâcheuse position dans laquelle s'est trouvé David Hume (in *Treatise of Human Nature*, vol. I, part IV, section VI, Of personal identity). Quand je me vise comme objet de savoir, je me découvre comme étant « *a bundle or collection of different perceptions which succeed each other with an inconceivable rapidity, and are in a perpetual flux and movement*» (ed. Lindsay p. 239). Le *moi* que je cherche à connaître s'évanouit en impressions diverses dont j'essaye sans succès d'arrêter le flux. Dès que je me fixe sur une de ces impressions pour l'examiner de près, je l'extrais du flux, je l'objective pour en faire un objet de savoir, je la retiens comme une représentation face à moi. Il arrive à ma faim ce qui est arrivé à ma main: elle n'est plus moi, elle est à moi. Mon esprit est comme mon corps, dès que j'en parle il s'éloigne de moi. Les mots dont je me sers pour en parler en font un non-moi qui fait partie de ce moi dont la tendance est de se volatiliser dès que je fixe mon regard sur lui.

La distinction entre connaissance par description et connaissance par accointance me permet ainsi de mieux percevoir le passage de la conscience que j'ai de moi à ma connaissance de moi — dans la mesure où elle met en évidence que ce que je connais de moi (ma main, mon cerveau, ma faim, ma pensée), je les connais pour ainsi dire en tant que non-moi, puisque je les décris comme s'ils m'étaient extérieurs, comme objectivés par rapport à moi. Alors que mon accointance avec moi est quelque chose que je désigne sans pouvoir en parler; puisque dès que j'en parle, je ne suis plus dans l'accointance, mais dans la description, dans l'objectivation. Par accointance, j'ai le sentiment de mon existence propre, de mon écoulement dans le temps, et aussi l'illusion de ma propre identité. Par description, je me connais comme un objet de savoir, comme un *moi* objectivé, dont l'existence se situe parmi d'autres existences, dont l'écoulement dans le temps se situe par rapport à une temporalité générale; et surtout dont l'identité est problématique. Je sais — par accointance — que je suis moi, mais quand j'y pense, je me disperse dans ma description de moi-même, je deviens du non-moi pour moi.

Inéluctablement, je suis ainsi poussé à la conclusion que si je prends *savoir* au sens de *savoir (que)*, et non pas de *savoir-être*, je ne peux pas me connaître pour ce que je suis, je ne peux *me* connaître que coupé, que séparé de moi. La seule chose que je peux savoir (par accointance) de moi est que je suis: tout le reste, c'est à propos de moi que je le sais. Un lieu commun de la pensée néoplatonicienne au Moyen-Age dit qu'en ce qui concerne Dieu, on ne peut poser que la question «*an est*» (= est-il) et non pas les questions classiques «*quid est*» (= qu'est-il), «*qualis est*» (= comment est-il), «*quare est*» (= pourquoi est-il). C'est ce que je veux exprimer ici: par accointance, on ne peut connaître que l'existence; l'essence, on ne la connaît que par description. Peut-être est-ce parce qu'il ne m'est pas possible de me saisir dans mon entier et de manière immédiate pour ce que je suis; peut-être ne puis-je me connaître que par morceaux, et que chacun de ces morceaux se détache de moi dès que je l'examine. Ce n'est jamais moi que je connais, c'est toujours un morceau de moi, qui se métamorphose en trace, en image, en représentation, en non-moi.

Moi-même, je ne me connais pas, je me reconnais à travers tous ces indices qui parlent de moi, me désignent et font partie de moi : et aussi par le sentiment que j'ai de constituer le lieu, la position, de tous ces aspects de moi. C'est par rapport à *je* que ma main, ma faim, mon cerveau, mon désir, se situent. Objet de mon propre savoir, *je* disparaît comme contenu de savoir pour réapparaître comme savoir morcelé et coupé de moi : et *je* subsiste comme positionnement de tous mes savoirs. Je découvre ainsi qu'il n'y a pas de différence de nature entre les divers savoirs dont je dispose, quels que soient les objets de savoir qu'ils visent ; qu'il s'agisse de moi, de mon corps, de mon esprit, du monde matériel en général, des autres sujets connaissants, du monde des idées. Tous ces savoirs sont pour moi des savoirs de non-moi, puisque je ne suis pas l'ensemble de mes parties, puisqu'une partie de moi n'est jamais moi, puisque je ne peux connaître que des parties de moi, puisque je ne suis capable de m'intégrer en tant qu'un que par le sentiment que j'ai de moi, et non pas par le savoir que j'ai de moi.

Bref, par description, je ne connais que du non-moi, et par accointance je me sais être. C'est à ce moment de la tension entre mon savoir-être-moi, et l'impossibilité de me connaître comme un moi intégré, que je redécouvre l'intérêt qu'il y a à analyser la situation cognitive comme fondement de mon activité cognitive. En effet, dans la situation cognitive de deuxième ordre dans laquelle je me trouve quand j'examine la situation cognitive de premier ordre *je me connais*, je découvre que bien que je ne puisse me connaître qu'indirectement, par description et de manière morcelée, *je* sujet connaissant porte le poids ontologique de la situation cognitive. Je suis l'œil invisible du cyclone cognitif, autour duquel tourbillonnent et se maintiennent les divers savoirs dont je dispose, et sans la subsistance duquel tout s'effondrerait. Par delà les facultés cognitives que je reconnais en moi a posteriori, *je* porte le savoir dont je dispose.

Bien sûr, *je* sujet connaissant peux me viser moi-même comme objet de mon propre savoir — mais cette boucle sur moi est en fait une spirale. Dès que je me considère comme objet de mon savoir, il y a saut de niveau, il y a séparation entre *je* sujet connaissant, support ontologique de cette situation cognitive de connaissance de soi, et *je* objet de savoir — séparation dont la profondeur dépend de mon aptitude à discerner, à cerner, en moi du connaissable. Ceci est vrai de toute situation autoréférentielle: dès que le sujet connaissant devient son propre objet de savoir, il s'éloigne d'un cran pour (se) voir de l'extérieur. Est-ce moi que je connais quand je me regarde de l'extérieur? Tout dépend de ce que j'entends par *me connaître*: avoir conscience de moi, de mon existence, connaître tel ou tel aspect de ma nature, de mon activité. Dans un va-et-vient continu, je me connais et ne me connais pas, je connais du moi et du non-moi, je passe de l'intérieur à l'extérieur et vice-versa, sans pouvoir m'arrêter. Il ne reste en fin de compte que le fait de savoir que je suis, non pas une chose pensante à la Descartes, ni un sujet transcendantal à la Husserl, mais un trou noir, reste d'une étoile qui porte cette étoile en entier, et dont on ne sait rien si ce n'est qu'il est.

Connaissabilité de l'objet de savoir

Pour qu'un objet — quelle que soit sa nature — soit effectivement connu par un sujet connaissant, il doit être connaissable. Il me semble évident que je ne peux connaître un objet de savoir que s'il est connaissable pour moi. La connaissabilité, on le voit, n'est pas une qualité spécifique de l'objet, et elle ne se réfère pas uniquement à mes propres capacités cognitives; elle concerne le rapport entre le sujet connaissant et l'objet de savoir qu'il vise. La connaissabilité est une qualité relative, puisque tel objet peut être connaissable pour un sujet connaissant et non-connaissable pour un autre, puisqu'un sujet connaissant peut connaître tel objet et ne pas connaître tel autre.

La connaissabilité comme spécification relative joue sur deux ensembles de qualités qui s'emboîtent les unes dans les autres pour aboutir à une connaissance effective. En me plaçant dans une perspective réaliste, j'attribue à l'objet connaissable un ensemble de qualités qui font que cet objet peut être perçu par tous ceux dont les capacités de perception et de cognition sont adéquates aux qualités inhérentes à l'objet en question. Ainsi, les ultra-sons sont connaissables par la perception canine, puisque les chiens possèdent la capacité auditive pour les percevoir, mais ils ne le sont pas par la perception humaine, puisque l'ouie humaine ne les perçoit pas. Par contre, les ultra-sons, considérés comme la partie supérieure du graphe des ondes sonores sont connaissables par les physiciens, et ne semblent pas être connus en tant que tels par des chiens.

Plutôt qu'une résultante de la rencontre de deux ensembles de qualités — celles du sujet qui sont cognitives, et celles de l'objet, qui sont perceptibles — la connaissabilité se rapporte à l'ensemble que constituent le sujet connaissant et l'objet de savoir. En effet, parler de qualités inhérentes à l'objet qui le rendent connaissables revient déjà à désigner l'objet connu, puisque je ne saurais parler des qualités de l'objet à connaître, si je ne les connaissais déjà en tant que qualités nécessaires à sa connaissabilité. Tout objet, toute qualité, dont je parle, que je désigne, que je discrimine, sont déjà d'une certaine manière connus. En ce sens, la connaissabilité est un état préliminaire qui désigne a posteriori l'ensemble des conditions qui rendent *théoriquement* possible ce qui *pratiquement* a lieu.

On reconnaît là l'essentiel de la problématique kantienne du savoir: quelles sont les conditions sur l'esprit humain, et quelles sont les conditions sur l'objet de savoir pour que puisse avoir lieu la connaissance qui a effectivement lieu? Pour que l'objet à connaître soit connaissable, il suffit de découvrir en lui des qualités quelconques, puisque toute qualité, toute prédication, le situe déjà dans le cadre du connu. Ainsi, si je n'avais pas eu une connaissance préalable du graphe sonore et donc de la place des ultrasons sur ce graphe, je n'aurais jamais pu savoir que le chien est sensible aux ultrasons, et que moi humain je ne le suis pas — puisqu'il n'y aurait pas eu pour moi de qualité *ultrasonesque* dont j'eusse pu être conscient d'une autre manière, par exemple par le moyen de mon ouïe. Pour celui qui ne connaît pas le graphe sonore, la conduite du chien dans certaines occasions est surprenante, et se voit attribuée à des causes diverses — sans qu'on sache avec précision de quoi il s'agit.

C'est dire que la connaissabilité se situe non pas au niveau de la perception *réaliste* directe — qu'il s'agisse d'objets ou d'événements, matériels ou mentaux — mais à un méta-niveau, qui est celui des conditions de l'existence (pour moi) de l'objet à connaître: existence pour moi dans la mesure où tout objet connu par moi m'est connaissable comme un phénomène pour moi — non pas que je le crée en le connaissant, mais que je le perçois comme tel. Ce qui m'intéresse ici n'est pas tant l'examen des capacités cognitives du sujet connaissant, ni même la présentation des conditions de possibilités du savoir pour le sujet (en termes kantiens, les intuitions de la sensibilité et les catégories de l'entendement), mais les conditions sur l'objet pour que celui-ci apparaisse comme un objet de savoir pour moi — compte tenu de mes capacités cognitives, et en essayant de minimiser autant que possible mon impact de sujet sur la relation sujet/objet.

Je ne peux connaître un objet, qu'il soit matériel, spatio-temporel ou mental, que quand je peux le distinguer de ce qui n'est pas lui: je le connais par contraste, en mettant en relief sa différence. C'est en ce sens que je comprends ce que disent bien des philosophes médiévaux: *Omnis determinatio negatio est*: un objet est connu par ce qu'il n'est pas, sur fond de ce qu'il n'est pas. Pour être connu, et avant cela, pour être visé comme éventuel objet de savoir, celui-ci doit se détacher sur un fond, il doit être délimité, discriminé, par rapport à ce qui n'est pas lui: tout cela selon que cet objet est adéquat aux moyens de perception et de cognition dont nous disposons. A la limite, cela revient à dire que l'univers — idée vague s'il en fût — n'est pas connaissable en tant qu'entité, puisqu'il n'y a pas de fond sur lequel le situer — à moins de lui faire servir de fond pour soi-même, et de ne le connaître que de l'intérieur, par des distinctions internes.

En admettant que nous ayons tous une idée vague, préthéorique, de ce que l'on entend par la forme d'un objet, seul un objet auquel on peut attribuer des qualités, un objet qui peut être décrit par des prédicats, est un objet connaissable. C'est dire qu'un objet matériel est connaissable quand il peut être perçu par le moyen d'un ou de plusieurs capteurs dont dispose le sujet connaissant; un objet mental est connaissable quand il est dicible, quand il est *informé*, *matérialisé* en un langage qui fait sens pour celui qui l'entend — au double sens d'entendre: écouter et comprendre; un objet psychologique est connaissable dans la mesure où un sujet est capable de l'*empathir*, de le *ressentir* pour ce qu'il est — et est ainsi juge et critère de ce que cet objet psychologique est.

Bref, la connaissabilité d'un objet de savoir désigne un état virtuel de cet objet, et n'est constatable qu'après coup, une fois l'objet en question effectivement connu, ou tout au moins déterminé, délimité. Quand l'objet n'est pas connu d'une manière ou d'une autre, il ne peut y avoir (pour moi) de connaissabilité, il n'y a rien, puisque je ne sais rien de l'objet, je ne sais même pas s'il existe. La connaissabilité ne fait donc que désigner a posteriori une condition de possibilité, elle marque un état virtuel; car dès qu'il y a actualisation de la connaissabilité, il y a connaissance effective, et la connaissabilité est ipso facto dépassée. D'un objet connu, on dit qu'il a été connaissable. Mais cette connaissabilité n'est jamais fonctionnelle par rapport à cet objet: elle est simplement constatable après coup, elle désigne une option sur le passé. Un objet connaissable est un objet déjà connu.

CHAPITRE 7

LE SAVOIR DANS LA SITUATION COGNITIVE

Quelqu'un sait quelque chose: un sujet connaissant se trouve en relation de savoir avec un objet de savoir. C'est de cette relation entre sujet connaissant et objet de savoir que je veux traiter maintenant. Dans le contexte de la situation cognitive, je propose de distinguer trois aspects de cette relation: le savoir considéré comme un lien entre le sujet connaissant et son monde, comme une manière d'être en relation; le savoir comme le produit de cette interaction entre le sujet connaissant et son monde; enfin, le savoir considéré comme un résultat, comme ce qui subsiste de cette interaction. En d'autres termes, le savoir est ce qui unit, ce qui cimente la situation cognitive dans son aspect vécu; il est ce qui se fait en elle; il est ce qui subsiste d'elle. On est ainsi amené à considérer la situation cognitive comme un lieu idéel dans lequel se déploie cette relation entre sujet connaissant et objet de savoir, dans lequel se fabrique ce produit, dans lequel est donné ce résultat.

Ces trois aspects du savoir — savoir-relation, savoir-produit, savoir-résultat — désignent trois approches complémentaires à la situation cognitive. D'abord, une approche phénoménologique, qui met l'accent sur la relation entre l'être humain et son monde, sur l'ouverture du sujet connaissant à son monde, sur sa manière d'être dans son monde, sur sa manière de le percevoir, de le vivre, de le connaître. Ensuite, une approche psychologique, qui met l'accent sur ce qui se fait dans le cadre de la situation cognitive, sur la transcription cognitive de l'objet connaissable en objet connu, sur l'organisation interne-mentale du savoir. Enfin, une approche logico-épistémique, qui met l'accent sur ce qui subsiste de la relation cognitive, de l'interaction cognitive entre l'humain et son monde: savoir qui s'autonomise par rapport à la situation cognitive dans laquelle il a été produit, savoir qui peut être examiné, transmis, stocké, utilisé.

En tant que relation, le savoir est une manière d'être du sujet dans son monde, une manière de se situer en lui et de le percevoir. En tant que produit, le savoir se constitue au fur et à mesure de l'activité cognitive du sujet, il se solidifie pour ainsi dire, il prend forme et contenu. Enfin le savoir se transforme en résultat qui, tout en restant dépendant d'un sujet connaissant, acquiert une certaine autonomie *matérielle*, qui permet de l'emmagasiner et de le transmettre d'un sujet connaissant à l'autre. Ainsi, le savoir, de lien entre le sujet et son monde, se spécifie comme adéquat aux capacités cognitives du sujet, pour aboutir à une subsistance quasi-autonome qui le rend utilisable et transmissible, apprenable et mémorisable.

Avant de m'arrêter brièvement sur chacun de ces aspects, je voudrais souligner deux points que j'ai déjà mentionnés au passage. D'abord le fait qu'en général, quand on traite du savoir, on a en vue le savoir-résultat — c'est-à-dire les diverses sciences et disciplines, sciences de la nature, sciences de la société, sciences de l'homme, logique et épistémologie; et le savoir-produit, que l'on regroupe sous la rubrique de psychologie cognitive et d'intelligence artificielle. Il me semble que l'on néglige trop souvent l'examen du moment vécu de la cognition, la phénoménologie de la pratique cognitive qui par la voie du savoir-produit mène au savoir-résultat, le point de vue des intentions et des mises en place cognitives. Étudier la cognition par le biais de la situation cognitive permet de regarder la relation cognitive telle qu'elle s'exprime d'abord dans son intentionnalité, en passant ensuite par les procédures de transcription cognitive, pour se figer enfin en savoirs-résultats: ce qui met en lumière les conditions ontologiques et phénoménologiques qui rendent possible l'élaboration des savoirs-résultats.

Le deuxième point à rappeler est qu'il n'y a de situation cognitive qu'humaine. Il ne s'agit pas de défendre un point de vue anthropocentrique auquel personnellement je n'adhère pas, mais de constater un fait. Je retrouve dans des plantes, chez des animaux, dans des machines, des conduites, des fonctionnements qui évoquent pour moi le fonctionnement cognitif humain. J'observe des bactéries qui agissent comme si elles savaient discriminer entre le chaud et le froid, des rats de laboratoire qui agissent comme s'ils apprenaient les détours d'un labyrinthe, des abeilles qui agissent comme si elles communiquaient entre elles; et je leur attribue des capacités cognitives de discrimination, d'apprentissage, de communication, etc. Je constate même chez certains animaux (des primates), dans certaines machines (des ordinateurs) la capacité de généraliser, d'associer, d'induire, ou, pour être plus précis, une activité qui me semble correspondre à l'activité cognitive de généralisation, d'association, d'induction, que je trouve chez les êtres humains.

Quand je dis que seul l'être humain est partie prenante des situations cognitives proprement dites, et non pas les plantes, les animaux, les machines, je n'entends pas par-là qu'il n'y a de cognition qu'humaine — mais plutôt que pour moi humain, la cognition humaine est le point de référence obligé de toute cognition possible. C'est à partir de ce que nous savons, de ce que nous pensons savoir, sur l'activité cognitive humaine, que nous projettons, que nous induisons le savoir des plantes, des animaux, des machines et des dieux. C'est par analogie au savoir humain que nous parlons d'une capacité générale de discrimination, d'apprentissage, de mémorisation, de communication. Pour nous, le savoir non-humain est un savoir humain par défaut ou par excès, il n'est pas un savoir en soi.

Le savoir-relation

Reprenons brièvement ces trois moments du savoir dans la situation cognitive; et d'abord le savoir comme relation du sujet connaissant avec ce qui l'entoure. Je parle ici d'approche phénoménologique, parce que la méthode phénoménologique telle que la préconise Husserl me semble la plus adéquate pour décrire cette relation vécue, éprouvée. Dans le cadre d'une *égologie* du sujet connaissant, de la description de la vie de *je*, non pas en tant que sujet psychologique à capacités cognitives, mais comme sujet transcendantal (au sens où Husserl emploie ce terme dans ses *Méditations Cartésiennes*), le savoir-relation exprime une manière d'être du sujet. L'activité cognitive est considérée comme une posture existentielle: savoir est pour moi une manière d'être dans mon monde, et de me situer par rapport à lui. Approche subjective à connotation solipsiste — avec, chez Husserl, pour s'en sortir, un coup de force vers l'intersubjectivité, en posant l'autre *ego* comme un *alter ego*, un comme-moi, un semblable-à-moi, capable lui aussi d'avoir une relation de savoir avec son monde.

Le savoir comme relation du sujet à son monde se manifeste selon trois modes dont j'ai déjà parlé plus haut et que je veux reprendre ici: le mode du savoir (que), le mode du savoir-faire, le mode du savoir-être. Commençons par le savoir (que). Je sais qu'en anglais *chaise* se dit *chair*, je sais que l'eau bout à 100°, etc. Le mode du savoir (que) implique une coupure entre le sujet connaissant et l'objet de son savoir. Il y a séparation et regard de l'extérieur, il y a dédoublement entre connaissant et connu, il y a abstraction et verbalisation. Le savoir (que) se dit en mots, il se présente sous formes d'objets de langage. C'est le savoir (que) qui fournit l'essentiel des savoirs-résultats qui, en tant qu'objets de langage, sont emmagasinables et communicables.

Puis le savoir-faire: savoir monter à bicyclette, savoir faire des gâteaux, savoir construire une machine, etc. Tout savoir faire s'accompagne d'un savoir (que), mais souvent celui-ci reste implicite, et ne se manifeste que lorsqu'on le provoque. On peut savoir faire sans savoir dire ce que l'on fait. En général, le novice, celui qui n'est pas encore un expert, est au stade du savoir (que) de ce qu'il fait; pour lui, le savoir-faire n'est pas encore libéré du savoir (que) de ce qu'il fait — alors que l'expert en gâteaux, en échecs, en bridge, est entièrement immergé dans son savoir-faire, à tel point qu'il lui est difficile, et même parfois pénible, de retrouver, de mettre en lumière, le savoir (que) qui se (re)trouve derrière son savoir-faire. Il semble y avoir un écart de fond entre le savoir (que) qui est de nature théorique et souvent verbale, et le savoir-faire qui est la manière *poiétique* d'utiliser un savoir (que), souvent de manière intuitive.

Enfin, le savoir-être, qui exprime l'aspect le plus vécu, le plus phénoménologique, du savoir-relation: la relation qui vise l'adéquation entre ce que je suis, ce que je (me) sais être, et ce que je veux être. On perçoit de suite la connotation *éthique* du savoir-être dans la situation cognitive. Tout ce qui est, sait — de manière triviale — être ce qu'il est, puisqu'il est. Mais dans la situation cognitive, le savoir-être du sujet connaissant est à la fois une manière de se voir et de se vouloir, une manière de se connaître et de se réaliser. Là s'introduit l'idée de norme, de visée vers la perfection. Le sujet de la situation cognitive sait être quand il sait devenir ce qu'à ses yeux il doit être. Il y a là une sorte de retrouvailles du sujet avec soi-même, un bouclage sur soi, avec comme accélérateur de ce bouclage une image de soi que le sujet cherche à réaliser, image de soi qu'il a reçue par culture, par éducation, ou qu'il s'est à lui-même inventée.

Pourquoi a-t-on si peu étudié le savoir comme relation entre un sujet connaissant et les objets de savoir qu'il vise, alors que l'on a consacré tant de recherches au savoir comme produit, et surtout au savoir comme résultat? La réponse me semble évidente: il est plus facile, plus rigoureux, de s'attacher à l'examen des capacités cognitives du sujet comme producteur de savoir; il est plus simple et plus rigoureux d'étudier le savoir comme une entité séparée de la situation cognitive qui l'a constitué pour l'examiner sous l'aspect de sa validité, de sa vérifiabilité, de sa cohérence, etc. L'approche phénoménologique du savoir-relation est subjective, elle part d'un *je* difficile à cerner, dont l'activité n'est pas nettement dessinée — d'un *je* considéré comme condition existentielle de possibilité de toute activité cognitive.

Je est un point de vue sur le monde, mais pour moi, je suis l'unique point de vue sur mon monde: tous les autres points de vue ne sont tels pour moi que par analogie. Dans le cadre de cette *égologie*, l'examen du savoir comme relation à mon monde, comme intentionnalité, comme visée et sortie de moi vers mon monde, un tel examen ne se prête pas à une étude *objective*, *scientifique*, qui serait communicable sans reste et de manière univoque. Tout ce que l'on peut en dire, sans pseudo-scientificité d'une part, et en évitant tout lyrisme mysticisant de l'autre, se dit sur le ton de la conviction intime et de l'évidence de l'expérience partagée. Cependant, le fait qu'il soit difficile d'en parler n'est pas une raison pour le taire. Il est de fait que je suis dans mon monde, que là je découvre le point de départ de mon activité cognitive, et que c'est par le savoir que j'en ai que je me relate à mon monde: tout cela, il convient de ne pas l'ignorer, même s'il n'est pas simple d'en parler.

Le savoir-produit

Alors que le savoir-relation met l'accent sur l'activité cognitive considérée comme une expérience vécue par le sujet connaissant, comme une mise en situation de l'homme dans son monde, le savoir-produit met l'accent sur les procédures et les conditions de rencontre entre le sujet connaissant et l'objet de savoir qu'il vise. On est là dans le domaine élargi de la psychologie cognitive, dans la discipline qui étudie les capacités cognitives du sujet connaissant et les procédures de transformation des objets de savoir en objets connus, compte tenu de la nature du sujet connaissant: et donc dans la problématique de la représentation et de la transcription des objets de savoir. Sans entrer dans le détail des diverses théories qui ont été proposées pour expliquer ces phénomènes fondamentaux, je ne veux ici qu'en examiner les principales options structurelles.

Le savoir considéré comme une production est quelque chose qui se fait, qui se constitue à partir des données de la situation cognitive en se solidifiant, en se concrétisant. Si on considère le savoir comme la surface de jonction, comme l'interface entre l'aptitude cognitive du sujet connaissant et la connaissabilité virtuelle de l'objet de savoir, on constate que toute théorie de la production de savoir dépend du poids relatif que l'on accorde aux deux éléments *matériels* de la situation cognitive, au sujet connaissant et à l'objet de savoir — compte tenu de leur indispensable *collaboration* dans la production du savoir. Selon que l'accent est mis sur l'objet de savoir ou sur le sujet connaissant, ou sur un équilibre entre eux, on aboutit à une théorie du savoir-produit comme reflet de l'objet de savoir visé, ou une théorie du savoir comme processus interne dans un système autonome, ou encore une théorie du savoir comme expression de l'inter-relation entre un système ouvert et son environnement.

Le savoir-reflet

La position *ontologique* la plus courante sur la nature du savoir — en Occident tout au moins, où savoir est souvent synonyme de *voir* (*intuiri*), de contempler (*theorein*) — consiste à considérer le savoir comme un reflet de ce qu'il vise, comme une représentation de l'objet de savoir dans l'esprit du sujet connaissant. Il y aurait transposition de l'objet de savoir que je vise, en savoir que j'en ai dans mon esprit: à la manière de la relation entre l'objet que je photographie, et la représentation photographique que j'en ai. De même que la photo n'est pas identique mais semblable à l'objet qu'elle représente, de même — telle est l'idée fondamentale de la perspective du savoir-reflet — le savoir n'est pas identique à ce qu'il vise, il en est une représentation : il y a correspondance entre eux sans qu'il y ait identité.

Dans le cadre de cette théorie du savoir considéré comme un reflet du monde dans le sujet connaissant, reflet qui s'autonomise par le moyen de l'activité cognitive du sujet, deux problèmes fondamentaux se posent, problèmes que je ne fais ici qu'indiquer, sans les discuter à fond : quelle doit être la nature d'un esprit (*mens*) pour qu'il soit apte à représenter, à se représenter, tel ou tel aspect de son monde ? Quelle doit être la *matière* de ce monde pour qu'il puisse être représenté dans un esprit ? En d'autres termes, il s'agit de réfléchir sur la structure de l'esprit humain comme porteur du savoir-reflet, et sur la *matière* du monde qui rend possible sa transformation en savoir-reflet.

Dans la perspective du savoir-reflet, l'esprit humain, dans sa relation au savoir, est une table rase sur laquelle viennent s'inscrire des impressions cognitives dont l'origine est externe. L'esprit-table-rase, cette expression qui se trouve déjà chez Aristote, a été beaucoup employée par les philosophes empiristes du XVIIe et XVIIIe siècles, à partir de Locke, en opposition à la vue philosophique rationaliste de l'esprit humain, telle que l'ont exprimée Descartes, Spinoza, Leibniz. Sans entrer dans le détail de la discussion historique, il suffit de souligner que l'idée de l'esprit-table-rase met l'accent sur le fait que l'esprit en soi est vide, qu'il n'est pas meublé d'idées innées, qu'il est ouvert sur son monde, et qu'il est capable d'enregistrer ce qu'il perçoit : à la manière d'une pellicule photographique qui, dans des conditions adéquates de lumière et d'exposition, est capable d'enregistrer des impressions visuelles et de produire — par une série de transformations — des représentations photographiques des éléments enregistrés sur elle. L'esprit humain est une table rase qui est apte à retenir des impressions externes, et à les transformer en savoirs-résultats, à l'aide de mécanismes de transformation qui lui appartiennent en propre.

Pratiquement cela revient à considérer l'esprit humain comme un objet formel, comme une syntaxe sans sémantique, une machine universelle, une structure formelle vide. Le sujet connaissant est un vide structuré — et la tendance naturelle de la plupart des philosophes de l'esprit-table-rase, de Locke à Kant, est de lui opposer un monde qui soit un plein amorphe. Il s'agit là, bien entendu, d'une pétition de principe que rien ne vient ni ne peut démontrer, qui va directement à l'encontre du savoir-reflet, puisqu'il semble bien qu'il ne soit pas possible d'obtenir une représentation réglée qui reflèterait fidèlement l'amorphité de l'objet de savoir visé — à moins de considérer la représentation comme une interprétation, par le sujet vide, des données amorphes qui se présentent à lui. Mais dans ce cas, la représentation n'est plus un reflet, elle est un choix effectué par les mécanismes d'enregistrement et de transformation dont dispose le sujet connaissant — et le sujet connaissant (on le voit bien chez Kant) cesse d'être une table rase.

Quoi qu'il en soit, si l'on se maintient dans la perspective d'un monde plein-amorphe, le moment de la cognition, la situation cognitive en train de se déployer, le savoir en train de se produire, est le moment où un sujet, structuré par sa compétence cognitive, appréhende un objet de savoir qui, par rapport à ce sujet en tout cas, est amorphe tant qu'il n'est pas perçu et transformé par les mécanismes du sujet connaissant. Le savoir est ce que le sujet connaissant est apte à secréter à partir de sa rencontre avec du plein-amorphe. On retrouve là l'essentiel de l'approche humienne — et aussi kantienne — du savoir: une table rase sémantique à mécanismes syntaxiques de transformation, filtre et digère les données perceptuelles d'un monde chaotique qui s'offre à elle sous l'aspect d'un flux d'impressions. Le sujet connaissant, tant qu'il est en état de veille, n'est qu'un voyeur passif à réactions mécaniques et automatiques, qui intègre des impressions et les transforme en idées, en concepts, en théories, en savoir.

Cette approche, on le voit, pose autant de problèmes qu'elle en éclaire. Dire que l'esprit humain est une table rase permet de le considérer comme un œil qui regarde, qui voit ce qui se présente à lui, compte tenu de ses mécanismes de perception et de transformation. Tout comme la lentille d'un appareil de photo et la pellicule photographique, il n'a pas de préjugés, il ne choisit pas ce qu'il veut voir, il voit ce qui se présente à lui, de la manière dont cela se présente à lui, compte tenu des transformations nécessaires pour intégrer et organiser l'image. D'où une conséquence très importante: si les mécanismes de perception et de transformation fonctionnent correctement, on peut espérer que le savoir que l'on a de la chose visée est adéquat à la chose visée; en d'autres termes, qu'il s'agit d'un savoir objectif, d'un savoir vrai. Voilà l'avantage principal de cette approche; un savoir vrai est possible, par correspondance adéquate entre l'objet de savoir et la représentation que le sujet s'en fabrique. L'esprit-table-rase n'a pas de subjectivité propre, il enregistre objectivement ce qui se présente à lui, il est la condition *sine qua non* de la possibilité du savoir objectif.

Deux directions de problèmes surgissent, l'une qui a trait au statut ontologique de l'esprit-table-rase, l'autre au statut ontologique des représentations cognitives. Dire de l'esprit humain qu'il n'est qu'une table rase, qu'il n'est qu'un voyeur doté de mécanismes de réception et de transformation, revient à le situer hors du contexte des contenus — puisqu'il n'a pas de contenu propre dans le cadre de son activité cognitive; puisque, en tant que sujet connaissant, il n'est qu'une entité formelle, une syntaxe dont le support matériel est indifférent à son activité. Cela revient à lui attribuer un statut d'extraterritorialité par rapport aux divers objets de savoir: l'esprit est extérieur à ce qu'il perçoit, tout en contenant en soi le produit des transformations cognitives qu'il constitue, i.e. ses représentations. Quelle est la place de cet esprit-table-rase dans le cadre des objets de savoir, si dans son activité cognitive il n'est qu'une compétence qui n'a pas de contenu propre?

On peut poser que l'esprit humain est à la fois dedans et dehors. Il est dans le monde des objets de savoir comme contenu, comme matière, un cerveau, un système neuronal, une âme séparée, etc.; et hors du monde il est un œil qui regarde, un observateur qui intègre des données. En tant qu'objet de savoir, il est rendu distinct de ce qui n'est pas lui par des spécifications qui lui sont propres; dans son activité cognitive, l'esprit humain n'est qu'un ensemble de capacités cognitives. En d'autres termes, la *matérialité* de l'esprit humain ne joue pas — ne devrait pas jouer — par rapport à son activité cognitive, de même que la matérialité d'un programme, qu'il soit sur disquette, sur bande magnétique ou sur un autre support, ne joue pas par rapport à sa performance en tant que programme. Tel est l'espoir des tenants de la doctrine de l'esprit-table-rase, et aussi des adeptes de l'intelligence artificielle; et là on découvre la faiblesse de leur position.

En disant que l'esprit est une table rase, on ne vise que la fonction cognitive de l'esprit — et éventuellement le produit de cette fonction. Cependant l'esprit ne peut intégrer et transformer cognitivement que ce qui est adéquat à ses capacités cognitives, qui elles-mêmes doivent être adéquates à la matérialité de l'esprit humain, qu'il s'agisse d'un cerveau, d'un système neuronal, d'une âme séparée, ou d'autre chose. Dès que l'on pose que l'esprit en tant que sujet connaissant consiste en un ensemble de mécanismes cognitifs, qui sont retenus, qui sont cablés sur un support *matériel*, on ne peut plus parler d'une table rase, mais d'une table déjà très fournie, très particulière, qui n'intègre, n'assimile, ne transforme que ce qui lui convient, et à sa manière. On ne peut dans ce cas parler de savoir objectif, de savoir adéquat à ce qu'il représente, que si l'on pose au départ l'idée de l'unité du genre humain; et plus particulièrement l'idée que les capacités cognitives des divers sujets connaissants sont semblables, sinon identiques. La doctrine de l'esprit-table-rase n'a d'intérêt cognitif que si on la renforce par de très fortes contraintes ontologiques sur la nature humaine. Autrement, il ne s'agit que d'une hypothèse sur la formation des représentations cognitives, qui est sans intérêt pour la recherche sur l'activité cognitive humaine.

L'autre difficulté que pose cette perspective du savoir-reflet dans un esprit-table-rase a trait au statut ontologique de la représentation, et se présente sous forme de deux problèmes complémentaires: comment passe-t-on de l'objet de savoir à sa représentation dans l'esprit du sujet connaissant; quelles sont les données cognitives premières, et comment se transforment-elles en représentations composées. Si l'esprit est une table rase qui enregistre fidèlement des données externes et les transforme en représentations adéquates à la *réalité*, comment fonctionne-t-il dans un monde plein-amorphe? Comment des représentations peuvent-elles être adéquates à de l'amorphe? Peut-être faut-il poser que par rapport à un monde amorphe, l'esprit connaissant ne peut être une table rase, un enregistreur sans plus. D'où le dilemme suivant: soit l'esprit est une table rase, et alors le monde doit être informé afin de pouvoir être connu — ce qui pose une question subsidiaire: comment moi-table-rase puis-je savoir que le monde est pré-informé avant de me le représenter en tant que tel? Soit, si le monde est un plein-amorphe, l'esprit ne peut être une cire sur laquelle viendrait s'inscrire l'empreinte de ce monde, mais il doit être structuré et rempli d'idées pour pouvoir intégrer et organiser ce plein-amorphe — ce qui pose une question subsidiaire: cet esprit déjà structuré fait-il lui-même partie de ce monde plein-amorphe, et sinon, où se situe-t-il?

Voilà le grand problème de toute théorie du savoir-reflet: comment passe-t-on de ce qui est à ce que l'on sait, comment sait-on que ce que l'on sait reflète adéquatement ce qui est — quand on se tient à l'hypothèse de l'esprit-table-rase. Mais ce n'est pas tout. Admettons que le savoir est ce que le vide structuré qu'est l'esprit est apte à recevoir du plein-amorphe qu'est (pour nous) le monde, selon les règles mystérieusement imprimées dans la structure vide que serait le sujet connaissant. On est alors irrésistiblement poussé à rechercher les éléments les plus simples du savoir, tels qu'ils sont retenus par cette structure cognitive, les impressions premières, les atomes cognitifs, qui sont le résultat du filtrage du plein-amorphe par le vide structuré. Quels sont ces atomes de savoir que le sujet connaissant retient et avec lesquels il forme des molécules cognitives complexes?

Cette approche atomiste au savoir semble naturellement liée à la perspective empiriste du savoir-reflet et de l'esprit-table-rase — dans la mesure où pour mettre de l'ordre dans de l'amorphe chaotique à l'aide de mécanismes de perception et de transformation, il faut pouvoir retenir des particules cognitives élémentaires pour construire avec elles des formules cognitives bien formées en suivant les règles de la syntaxe cognitive dont dispose l'esprit-table-rase. Telle est l'idée directrice de l'épistémologie de Hume: partir des impressions des sens, considérées comme des entités cognitives minimales, et élaborer avec elles notre savoir perceptuel et conceptuel tout entier en suivant les mécanismes de réception et de transformation qui sont inhérents à notre esprit — celui-ci étant considéré comme une compétence cognitive innée, vide de tout savoir inné, de toutes idées innées. Pourquoi partir de la perception sensible, quelles sont la mesure et les limites de ces atomes de cognition, pourquoi la couleur précède-t-elle la forme, voilà le genre de problèmes que pose ce réductionnisme cognitif. Son principal avantage semble être la rigueur (la pseudo-rigueur) d'une approche qui permet de jouer avec les combinaisons et les permutations de ces atomes cognitifs, qui doivent mener, on l'espère, aussi bien au savoir effectif qu'au savoir vrai.

Le savoir-processus interne

Dans cette manière d'envisager le savoir-reflet, l'accent était mis sur l'objet de savoir, sur sa constitution, sur sa transformation, tandis que le sujet connaissant, avec sa compétence cognitive innée ne servait que de récepteur et de transformateur. Une autre manière d'envisager la production de savoir est de faire porter le poids effectif de la constitution du savoir sur la nature propre du sujet connaissant, en minimisant l'impact de l'extérieur. Le savoir est alors considéré comme le produit d'une élaboration interne du sujet connaissant, pour lequel l'impact de l'extérieur n'est que perturbation qu'il s'agit de surmonter pour atteindre un état cognitif interne équilibré. Dans une telle perspective, le sujet connaissant n'est pas une table rase, une simple compétence cognitive, mais plutôt un système semi-fermé sur soi-même, qui fonctionne de manière autonome, à la recherche permanente d'un équilibre interne instable — qui est son état optimal de survie. Le système fonctionne selon ses règles propres et avec des contenus *innés*. Pour lui, l'apport de l'extérieur n'est pas un apport d'information, mais plutôt de déclenchement, de perturbation par rapport à laquelle le système se rééquilibre.

Alors que la théorie du savoir-reflet avait pour visée essentielle de fonder la possibilité d'un savoir objectif, en minimisant autant que possible l'impact du sujet connaissant sur la production d'un savoir, pour ne lui laisser en fin de compte qu'un rôle syntactique et formel, le savoir considéré comme le déploiement d'un processus interne au sujet connaissant a pour effet d'exprimer la nature du sujet connaissant à l'occasion de sa manière de réagir aux perturbations aléatoires qu'il subit de l'extérieur. Bien entendu, là la visée n'est pas le savoir objectif, le savoir-reflet fidèle de ce qui est, mais plutôt l'auto-réalisation cognitive du sujet connaissant, le savoir authentique, le savoir qui reflète authentiquement le sujet connaissant; le savoir subjectif, dans la mesure où il exprime avec justesse le sujet qui le produit. Chaque sujet connaissant secrète de l'intérieur son savoir propre, il l'auto-produit; et ce n'est que si l'on pose d'avance l'idée de l'unité du genre humain que l'on peut penser qu'il s'agit d'un savoir semblable entre les divers sujets connaissants, et communicables entre eux.

L'hypothèse du savoir-reflet pose des problèmes, on vient de le voir, aussi bien au niveau de l'esprit-table-rase et de ses capacités cognitives de réception et de transformation, qu'au niveau de la représentation cognitive, à la fois dans sa relation à l'objet de savoir qu'elle reflète, et dans la manière dont elle est constituée à partir d'éventuels atomes cognitifs. L'hypothèse du savoir-processus-interne pose d'autres problèmes. Est-ce que le fonctionnement interne d'un système semi-fermé sur soi, et ses réactions internes à des perturbations qui ne sont pas des informations pour lui, peuvent être considérés comme un savoir? Est-ce que le savoir que produit un tel système équivaut à l'histoire de ses réactions à des perturbations que chaque système se raconte à soi-même pour les intégrer en soi? Quelle relation y a-t-il entre le déroulement cognitif interne et le produit de cette pratique par rapport à l'action du sujet dans son monde? Comment communiquent entre eux ces systèmes semi-fermés, pour lesquels l'extérieur n'est que perturbation?

Ces deux hypothèses sur le savoir-produit, l'hypothèse du savoir-reflet et l'hypothèse du savoir-processus-interne, bien qu'elles semblent s'opposer l'une à l'autre, sont en réalité complémentaires l'une de l'autre. Chacune d'elles répond à un aspect essentiel de notre activité cognitive, et l'on adhère à l'une ou l'autre selon que l'on accorde plus d'importance à tel ou tel aspect de l'activité cognitive. Quand on met l'accent sur l'objectivité du savoir, sur sa constitution et sur sa transmissibilité, on veut que le savoir soit autant que possible isomorphe à la réalité qu'il vise, et qu'il soit constitué à partir d'elle; théorie complétée par une théorie de l'esprit-table-rase, de l'observateur neutre, qui n'a sur le savoir qu'un impact *technique,* mesurable, formel, fonctionnel. Par contre, quand on veut insister sur l'initiative du sujet connaissant dans l'activité cognitive, sur son rôle central dans la production du savoir, sur sa spécificité comme point de vue particulier sur son monde, on est amené à considérer la production du savoir comme un processus intérieur au sujet connaissant particulier, par rapport auquel l'apport extérieur ne joue qu'un rôle de mise en route et de catalyseur.

Chacune de ces théories, on le constate, satisfait un intérêt différent de la raison. Elle permet d'élaborer des montages idéels qui couvrent plus ou moins adéquatement une perspective partielle sur l'activité cognitive du sujet connaissant. Dans chaque cas, le prix à payer est lourd, puisque l'on est ainsi amené à négliger la perspective complémentaire. Sans vouloir être irénique à tout prix, il me semble qu'il est possible d'envisager une approche théorique qui tienne compte de ces deux exigences à la fois, en considérant le savoir en train de se produire comme l'interaction entre un système ouvert et son environnement: et le savoir-produit comme l'interface entre eux.

Par *système* j'entends ici une entité qui est à la fois dépendante de son environnement — matériel et/ou mental —, car il échange avec lui matière, énergie, information; et autonome par rapport à lui en ce qu'il a un fonctionnement qui lui est propre. Cela peut aller du système nerveux au système solaire en passant par le système pénal. Dans le cadre de la situation cognitive, le sujet connaissant peut être considéré comme un système autonome, qui possède un fonctionnement et des contenus qui lui sont propre qui le distinguent de ce qui n'est pas lui; tout en étant entièrement tenu et soutenu par son environnement, avec lequel il échange matière, énergie et information. Comme on le voit, un système ouvert n'est pas une structure vide, et l'environnement d'un système ouvert n'est pas un plein amorphe: puisque aussi bien le système que son environnement constitue autant de sous-ensembles d'un ensemble plus grand, qui est le monde dans lequel l'un et l'autre subsistent.

Le sujet connaissant est un système ouvert sur son monde, et donc aussi sur soi: car il fait lui-même partie de son monde, tout en le (se) constituant en le connaissant. Le savoir n'est pas le matériau que l'environnement impose au sujet, et que celui-ci transforme selon ses règles propres pour l'intégrer dans ses magasins-mémoires vides. Au contraire, le savoir est un moyen pour le sujet de se rééquilibrer dans son monde, compte tenu de ce qu'il est et de ce qu'il perçoit. Le savoir devient ainsi le produit d'un échange, l'interface entre le sujet et son monde: le monde transforme le sujet en l'informant, le sujet transforme le monde en le connaissant et en agissant sur lui. Le savoir est une co-production, il est le fait de l'interaction du système et de son environnement, et à ce titre il les reflète tous deux. Le savoir comme produit complète et reflète le savoir comme relation entre le sujet et son monde; et la situation cognitive peut être considérée comme une des procédures de rééquilibration entre le sujet et son monde, rééquilibration qui se joue autour de l'interface qu'est le savoir.

Le savoir-résultat

Le savoir-résultat est mis en lumière par l'approche logique-épistémique à la situation cognitive, qui met l'accent sur ce qui subsiste du savoir une fois le savoir-relation et le savoir-produit dépassés. Sous cet aspect, il s'agit du savoir qui est le moins *essentiel* à la situation cognitive, même s'il est l'objet principal de la recherche en logique et en épistémologie. Savoir qui se solidifie, qui s'autonomise, par rapport à la situation cognitive dans laquelle il a été produit; savoir que l'on isole, que l'on retient, que l'on emmagasine, que l'on utilise, que l'on transmet — bref le savoir que l'on trouve dans les livres, le savoir qui se dit en mots.

C'est par rapport à ce savoir formulé que l'on pose les questions classiques de la logique et de l'épistémologie: s'agit-il d'un savoir vrai, est-il vérifiable, est-il fécond, est-il applicable? En général, quand on parle de savoir, c'est au savoir-résultat que l'on pense: c'est quand le savoir est sous forme de résultats qu'on a l'impression d'avoir quelque chose à se mettre sous la dent. On peut l'examiner, le vérifier, l'apprendre, le mémoriser, le communiquer. Coupé de la situation cognitive dans laquelle il a vu le jour, il en est la concrétion, il est ce qui reste. En ce sens, il est le plus important, puisqu'il est public, manipulable, matérialisable. Il n'en reste pas moins que notre approche du savoir par le biais des situations cognitives dans lesquelles il se constitue met en lumière le fait que le savoir-résultat n'est que le stade final de l'activité cognitive, et qu'il n'a de sens que rattaché à la procédure dynamique, vivante, qui l'a fait exister.

CHAPITRE 8

MODULATIONS COGNITIVES

Jusqu'ici, j'ai considéré les articulations de la situation cognitive une à une, en situant chacune d'elles par rapport à la situation cognitive considérée en son intégralité. Je vais maintenant examiner les articulations de la situation cognitive en les mettant en relation deux à deux, pour voir comment elles se modulent l'une par rapport à l'autre, en fonction du poids, de l'importance, qu'on attribue à chacune d'elles.

La relation savoir/objet de savoir

Depuis le *Théétète* de Platon, le savoir est souvent présenté comme une croyance justifiée. Savoir quelque chose revient à énoncer une proposition; et à montrer, à démontrer, que cette proposition est vraie, qu'elle est adéquate à l'état de choses qu'elle vise. Ainsi, quand je dis « le plomb est plus lourd que l'eau», j'énonce un savoir, dans la mesure où il m'est possible de justifier cette croyance en montrant que le plomb est effectivement plus lourd que l'eau. Dans ce cas, la croyance «le plomb est plus lourd que l'eau» est justifiée, et on peut parler à son propos de savoir. Par contre, quand j'affirme que «la pitié est plus importante que la justice», il m'est difficile de justifier cette proposition: et donc il ne peut s'agir d'une connaissance, mais uniquement d'une croyance non-justifiée.

Tant que je considère le savoir de ce point de vue là, il est clair que la tâche principale des diverses théories de la connaissance est d'examiner le savoir comme croyance justifiée, en s'interrogeant sur la nature de la croyance, du doute, de la certitude, de l'évidence, de la nécessité, sur les vérités de raisons et les vérités de fait, sur les diverses méthodes de justification et de validation, etc. Je ne m'occupe pas ici de ce dont traitent les disciplines cognitives abstraites, les logiques, les théories de la connaissance, les épistémologies Mon intention n'est pas d'expliquer, d'expliciter les conditions de cette relation entre savoir et objet de savoir en la considérant comme détachés du contexte dans laquelle elle se constitue, en la considérant comme si elle possédait une existence autonome. Bien entendu, il est tout à fait légitime et intéressant de procéder comme le font les disciplines cognitives abstraites, la logique, l'épistémologie, qui coupent la relation savoir/objet de savoir de son contexte d'origine. Simplement, il ne faut pas oublier qu'il s'agit alors d'une étude de caractère anatomique, dans laquelle on dégage la relation de son milieu d'origine pour mieux pouvoir en observer le fonctionnement abstrait.

La relation savoir/objet de savoir, comme toute relation cognitive, ne prend vie et sens qu'à partir de la situation cognitive dans laquelle cette relation s'est constituée. «Le plomb est plus lourd que l'eau» n'est pas simplement une croyance justifiée qui se joue entre une proposition «le plomb est plus lourd que l'eau», et le fait que le plomb soit plus lourd que l'eau et qu'il est possible de le montrer. C'est moi, ou un autre *je*, qui sait que le plomb est plus lourd que l'eau: c'est dans le cadre de cette situation cognitive que cette relation entre tel élément de mon savoir et la *réalité* se joue. Dans cette analyse de la situation cognitive, le savoir n'est pas un ensemble de propositions qui se réfèrent à des entités *externes*, qu'elles soient matérielles et/ou mentales, mais un ensemble d'attitudes qui marquent, qui spécifient, les situations cognitives dans lesquelles ces attitudes sont exprimées.

Il s'ensuit que je ne distingue pas ici entre savoir et croyance, tant que la croyance en question est considérée comme un savoir pour le sujet connaissant de la situation cognitive dans laquelle elle se manifeste. En outre, par savoir, je n'entends pas ici un savoir fixe, définitif, un savoir-résultat, mais plutôt un savoir-produit qui est en train de se faire. Ce n'est pas tant la *vérité* d'un savoir par rapport à ce qu'il vise qui me concerne ici, mais la relation plus ouverte d'adéquation qui lie le savoir du sujet à l'objet de ce savoir dans le cadre de la situation cognitive dans laquelle ce savoir est produit. Mais, m'objectera-t-on, un tel savoir ne peut être que subjectif, il n'est pas un vrai savoir puisqu'il n'est pas nécessairement un savoir vrai. J'accepte l'objection: tout savoir est subjectif, même le plus public, le plus commun, le plus *intersubjectif* — puisque tout savoir est produit, est concrétisé, est reçu, est transmis, par un sujet, dans une situation cognitive.

Partons donc de la situation cognitive et voyons comment la relation savoir/objet de savoir s'y exprime. Bien entendu, cette relation dépend directement du mode de savoir qui est en jeu. J'ai distingué plus haut trois modes de savoir, savoir (que), savoir-être, savoir-faire. Chacun de ces modes entraîne une relation différente à l'objet, ainsi qu'un autre type de modulation, puisque le mode de savoir dépend de la nature de l'objet de savoir visé. En explorant ces trois genres de relations, on trouve que la modulation entre savoir et objet de savoir a pour critère, non pas la vérité, mais l'adéquation. Le *meilleur* savoir est le savoir qui est le plus adéquat à ce qu'il vise: il y a des degrés dans l'adéquation, et la vérité n'en est qu'un cas-limite.

Aux trois modes de savoir — savoir (que), savoir-être, savoir-faire — correspondent trois regroupements cognitifs, trois types différents de relation entre le savoir et ce qu'il vise. On retrouve là les trois théories classiques de la vérité — théorie de la vérité par correspondance, théorie de la vérité par cohérence, théorie de la vérité par réussite — non plus comme des théories exclusives l'une des autres, mais comme des théories complémentaires, qui désignent chaque fois un autre regroupement cognitif, qui exprime chacune un autre mode de savoir. C'est dire qu'il n'y a pas de mode d'adéquation qui soit exclusif des autres, qui soit plus *vrai* que les autres, et auquel les autres modes devraient pouvoir être réduits. Il n'y a pas de vérité unique, puisque la vérité — qui est l'expression-limite de l'adéquation — est tenue aussi bien dans sa portée que dans son genre par le mode de savoir auquel elle sert de critère.

Le savoir (que) et son objet de savoir

Passons brièvement en revue les trois regroupements cognitifs liés à ces trois modes de savoir : autour du savoir (que), le regroupement qui a pour critère d'adéquation la vérité par correspondance ; autour du savoir-être, le regroupement qui a pour critère d'adéquation la vérité par cohérence ; autour du savoir-faire, le regroupement qui a pour critère d'adéquation la vérité par réussite. Commençons par le regroupement lié au savoir (que). Partons de l'expression la plus restreinte de la formule cognitive *quelqu'un sait que...* Je sais que le plomb est plus lourd que l'eau, je sais qu'en anglais *pain* se dit *bread*, et *douleur* se dit *pain* ; mais aussi je sais que tu m'aimes, je sais que demain il risque de pleuvoir, je sais qu'il existe des nombres premiers plus grands qu'un million ; et ainsi de suite, croyances, savoirs, espérances. Quel est le mode d'adéquation qui convient à ces savoirs (que), qu'entend-on quand on dit qu'un savoir (que) est adéquat à ce qu'il vise ?

Dans une situation cognitive donnée, le sujet connaissant sait (que) P est le cas, quand il transcrit P en savoir de P, le P *réel* en P cognitif. L'activité cognitive du sujet a pour fin de transcrire ce qui est perçu, ce qui est appréhendé par le sujet, en savoir de ce qui est, par le moyen de mots, de signes, de symboles. On dit qu'un savoir (que) est adéquat à l'objet de savoir qu'il vise, quand il remplit correctement sa fonction de désignateur cognitif en donnant de cet objet de savoir une représentation fidèle. Un savoir (que) est adéquat quand il se présente comme le *representans* fidèle du *representandum* qu'il vise. Qu'entend-on ici par *transcrire*, par *représentation* ? Qu'est-ce qui est perçu, appréhendé, pour être ensuite transcrit ? Quelle est la nature de l'objet que le savoir (que) vise et transcrit ?

Continuons et introduisons le concept de *vérité*. On dit qu'un savoir (que) est vrai par rapport à l'objet de savoir qu'il vise quand il lui est totalement adéquat. Quant je dis « (je sais que) le plomb est plus lourd que l'eau », et que le plomb est effectivement plus lourd que l'eau car je l'ai vérifié, mon savoir (que) le plomb est plus lourd que l'eau est un savoir (que) vrai. On retrouve là la définition médiévale classique : *veritas est adaequatio rei ad intellectum*, où *intellectum* désigne la notion, l'idée, le savoir, de la chose visée. Le savoir d'un objet — quelle que soit la nature de cet objet, qu'il s'agisse d'un objet proprement dit ou d'un événement, qu'il soit matériel, mental ou idéel — est vrai, quand la forme, quand l'expression que prend cet objet dans une situation cognitive donnée est adéquate à l'objet tel qu'il est en soi, c'est-à-dire hors de cette situation cognitive. Un savoir (que) est vrai ou faux en fonction de son adéquation à l'objet de savoir qu'il cherche à exprimer en termes de savoir.

Examinons les difficultés que soulève le concept d'*adéquation* : en quel sens dit-on d'un savoir qu'il est adéquat à un objet de savoir, selon quels critères peut-on juger d'une telle adéquation? Dire qu'un savoir (que) est adéquat à l'objet de savoir qu'il vise, revient à soutenir deux points: a) ce savoir a rempli correctement sa fonction cognitive, b) il est possible de rendre compte du bon fonctionnement du savoir en question, en le vérifiant, c'est-à-dire en le comparant à un état de vérité de ce savoir. En d'autres termes, un savoir adéquat, un savoir vrai, constitue une représentation en mots, ou en autres signes cognitifs (graphes, symboles, modèles, etc.) qui correspond, dans la sphère cognitive, à l'objet, matériel ou idéel, que ce savoir vise, objet qui subsiste dans sa sphère propre, c'est-à-dire qui est séparé «ontologiquement» de sa représentation cognitive.

On est là en présence de deux mondes, qui, on le verra tout de suite, ne sont pas hermétiquement clos l'un par rapport à l'autre: le monde de la cognition, qui réunit en soi tout ce qui est connu dans une situation cognitive par un sujet connaissant particulier, par tel groupe de sujets connaissants, par l'ensemble des sujets connaissants; et le monde de l'ontologie — au sens très large du terme — qui contient en soi tout ce qui est visé par une situation cognitive de savoir (que), tout ce qu'un sujet connaissant considère comme l'objet de savoir, monde des particuliers et des universaux, monde du sensible, du psychologique, du mental, de l'idéel. Entre ces deux mondes, on pose, on introduit, l'idée d'une correspondance par application du cognitif sur l'ontologique, du savoir sur l'objet de savoir: en remarquant que les représentations cognitives, les savoirs (que), peuvent eux-mêmes se transformer en éléments du monde ontologique, en objets de savoir visés par un savoir (que).

On dit d'un savoir (que) qu'il est adéquat à ce qu'il vise quand, après les avoir comparés (et pour cela il faut pouvoir les comparer!), on constate que l'objet cognitif, le savoir (que), représente correctement l'objet ontologique qu'il vise. Qu'entend-on par «représenter»? Parmi les diverses acceptions que l'on trouve dans le dictionnaire (le petit Robert), deux nous intéressent particulièrement: «Présenter à l'esprit, rendre sensible (un objet absent ou un concept) en provoquant l'apparition de son image au moyen d'un autre objet qui lui ressemble ou qui lui correspond. — Faire apparaître à l'esprit par le moyen du langage.» Ainsi, on dit que *a* représente *b*: 1) quand, mutalis mutandis, il lui ressemble: par exemple, une photo à deux dimensions ressemble au paysage à trois dimensions qu'elle représente; 2) quand il lui est covariant, quand il se transforme en correspondance avec lui: par exemple un graphe qui représente l'évolution d'une tendance économique;

3) quand il le décrit: par exemple une proposition qui décrit un événement en termes de langage «l'eau est en train de bouillir».

Pour vérifier une ressemblance, je compare les ressemblants entre eux: je compare le portrait d'un visage avec la photo de ce visage et avec le visage lui-même tel que je le vois devant moi, en transformant la tridimensionnalité du visage en bidimensionnalité de la photo et du portrait, la précision de la photo en flou du portrait, etc. Pour vérifier une covariance, je compare une représentation matérielle (un graphe par exemple) avec l'entité que cette représentation vise, qu'il s'agisse d'un objet qui se transforme, d'une situation qui change, etc. Là, la comparaison n'est plus entre objets qui se reflètent et que je place côte à côte, mais entre une représentation matérielle et les mesures *matérielles* effectuées sur un objet ou un événement en transformation. Ainsi, pour m'assurer qu'un graphe représente correctement une évolution économique, je compare des chiffres et des dates (=mesures matérielles) avec des points marqués sur l'abscisse et l'ordonnée de ce graphe.

Comment vérifie-t-on la représentation par désignation, comment s'assure-t-on que l'objet de langage qui sert de *désignant* représente correctement le *désigné* qu'il vise? Du problème que pose l'adéquation entre un savoir (que), et l'objet de savoir que ce savoir (que) vise, on passe au problème de la correspondance entre un *representans* qui fait partie du monde cognitif (du sujet connaissant), et un *representandum* qui subsiste dans le monde ontologique (du sujet connaissant). Or une telle correspondance n'a de sens que si l'on pose que les objets qui se trouvent en correspondance, objets cognitifs d'une part (mots, signes), et objets ontologiques de l'autre (matériels, psychiques, mentaux), sont constitués de telle manière que la diversité et les rapports entre les éléments qui constituent l'objet ontologique sont représentés par la diversité et les rapports — sémantiques et syntactiques — entre les éléments qui composent l'objet cognitif qui lui correspond. Dire qu'un objet cognitif peut correspondre à un objet ontologique revient à poser que des mots peuvent correspondre à des choses, quelle que soit la nature de ces choses — matérielles, psychologiques, mentales idéelles. On est ainsi amené à poser, supposer, un isomorphisme, entre *representans* et *representandum*, entre désignant et désigné, entre cognitif et ontologique.

(Je sais que) *l'huile est plus légère que l'eau*, parce que (je constate que) l'huile flotte sur l'eau, et parce que (je sais que) quand A flotte sur B, A est plus léger que B. On arrive là au problème fondamental de toute théorie de la vérité par correspondance, de toute théorie qui pose la possibilité d'une adéquation entre un savoir (que) et ce que ce savoir vise: il n'est jamais possible d'atteindre le *representandum*, l'objet ontologique, en soi; on aboutit toujours à un objet cognitif — qu'il s'agisse d'un savoir verbal, d'une perception sensible, d'une sensation psychologique — qui se présente dans le cadre d'une situation cognitive tenue par un «je sais que...», «je perçois que...», «je ressens que...»; un objet cognitif qui est lui même vérifié, confirmé, par un autre objet cognitif, et ainsi de suite; jusqu'à ce que, pour empêcher cette régression à l'infini, on adhère à une position ontologique, à une présupposition métaphysique, qui est posée et non pas vérifiée, car elle n'est pas vérifiable — puisque je ne peux, par définition, la comparer à un objet de savoir qui lui correspondrait.

Il existe (il n'existe pas) un monde matériel, indépendant (dépendant) de notre esprit, qui le connaît (tel qu'il est) (tel qu'il lui apparaît) (tel qu'il le transforme) (tel que l'esprit le projette en soi) — et de ce point de départ ontologique, on retourne aux divers objets de savoir emboîtés les uns dans les autres, tels qu'ils se déploient dans les diverses situations cognitives qui les visent. C'est sur ces points de départ des représentations cognitives que s'arqueboutent les deux principales perspectives ontologiques, la position réaliste et la position idéaliste, à travers leurs variantes doctrinales diverses.

La position réaliste — aujourd'hui dominante, car elle correspond mieux à notre sens commun actuel et aux demandes idéelles des sciences de la nature —, constate l'existence d'un monde spatio-temporel, séparé de notre esprit et connaissable par lui. Perspective *aristotélicienne*, dans laquelle le *representans* dans notre esprit simule le réel en en constituant une copie cognitive interne, par des procédures de réception, de transformation, d'abstraction, de transcription, du réel en perceptuel, et du perceptuel en conceptuel. Dans cette perspective réaliste, le sujet connaissant est à son optimum quand il agit comme une table rase à compétence cognitive, ce qui est supposé lui permettre de bien remplir sa fonction de transcripteur du réel en cognitif. L'idéal du savoir est le savoir (que) objectif: connaître ce qui est connaissable tel qu'il est, en minimisant autant que possible l'impact personnel du sujet sur le savoir qu'il constitue. Dans les situations cognitives réalistes, le sujet connaissant est — devrait être — un observateur neutre, qui rend compte, avec précision et sans engagement, de ce qu'il perçoit et de ce qu'il connaît.

Dans la position idéaliste, le monde (connaissable!) est ce qu'il est dans notre esprit, qu'il existe indépendamment de l'esprit ou non. Même si le monde existe indépendamment de nous, nous ne pouvons le connaître tel qu'il est — car nous ne pouvons connaître *vraiment* que ce qui est en nous. Perspective *platonicienne* qui accorde la priorité à l'idée, au savoir (que) tel qu'il subsiste dans notre esprit, tel que notre esprit le constitue. Ici, la question de l'adéquation se pose de façon inverse. Non pas si le savoir (que) est adéquat à ce qu'il vise, mais on contraire si l'objet de savoir, qui n'est qu'une copie du savoir (que) que l'esprit a de lui, est adéquat à l'idée qui le contient cognitivement, et dont, à la limite, on pourrait dire qu'il est issu. Là, l'optimum du sujet est d'être entièrement transparent à lui-même, de découvrir en soi par la réflexion et la contemplation interne l'essentiel de ce qui est. L'idéal est le savoir vrai, dont rien d'extérieur, qu'il s'agisse de données sensibles ou de sensations psychologiques, ne doit venir troubler la saisie. Dans les situations cognitives idéalistes, le sujet connaissant est — devrait être — lui aussi un observateur neutre, comme c'est le cas dans les situations cognitives réalistes, mais neutre cette fois-ci par rapport à l'impact de l'extérieur, qui trouble sa vision interne, et l'empêche de voir clair.

L'adéquation entre un savoir (que) et ce que ce savoir vise est statique, au sens où dans toute situation cognitive de savoir (que), dire qu'un savoir (que) est adéquat à ce qu'il vise, revient à poser qu'il est possible de comparer deux états de l'objet de savoir en question : son état cognitif dans l'esprit du sujet connaissant ; et son état ontologique, qui le désigne comme le *representandum* de cette situation cognitive.

Dans une perspective réaliste, je sais (que) P, quand je peux comparer P en tant qu'objet cognitif à ma perception de P : en posant que ma perception de P me met en conctact (en général, sauf cas d'illusions, etc.) avec le monde extérieur, avec une réalité autre que moi, indépendante de moi et de ce qui se passe en moi. Dans une perspective idéaliste, je sais (que) P quand je peux comparer ma représentation de P, P en tant que *representans*, à un état de P en tant que *representandum*, qui se trouve lui aussi en moi, mais pas à titre d'objet cognitif de la situation cognitive en question. Mais alors, comment peut-on, dans une même situation cognitive comparer ce qui est en elle et ce qui est hors d'elle — à moins de considérer que l'on a affaire à deux situations cognitives, l'une qui est constitutrice de l'objet cognitif en question, et l'autre qui est une situation cognitive de comparaison entre l'objet cognitif et l'objet de savoir qu'il vise — la comparaison entre ces deux objets devenant elle-même l'objet cognitif de la situation cognitive de comparaison. C'est dire que dans une perspective idéaliste, nous ne pouvons nous évader des situations cognitives, et que tout ce que nous pouvons faire, c'est les comparer entre elles ; insérer des situations cognitives de niveaux différents les unes dans les autres.

Le savoir-être et son objet de savoir

Quelqu'un (quelque chose) sait être, quand il est conforme à ce qu'il doit être, quand il est adéquat à soi. Socrate sait être Socrate quand il socratise correctement, le lion quand il lionise comme il faut, et chacun sait être soi-même en étant soi. Peut-il en être autrement, pourrais-je ne pas être adéquat à moi-même, pourrais-je ne pas être moi? Que doit faire Socrate pour ne pas socratiser, le lion pour ne plus lioniser? Plus encore, comment savoir ce que doit être Socrate pour savoir s'il sait être ce qu'il doit être? En reprenant le langage de la théologie cognitive, comment savoir ce que doit être Dieu pour pouvoir poser que Dieu sait être Dieu? Faut-il pour savoir être, envisager plusieurs manières d'être du même sujet dont l'une serait préférable aux autres?

Laissons pour l'instant ces questions de côté, et poursuivons l'analyse du savoir-être. Le sujet d'une situation cognitive de savoir-être doit savoir être pour être, pour devenir, ce qu'il doit être pour être soi. Socrate socratise, le lion lionise, quand ils agissent l'un et l'autre en conformité à une idée (que je me fait) de ce que c'est que d'être Socrate, que d'être un lion. Sachant qui est Socrate, ce que c'est qu'un lion, si soudain Socrate se mettait à essayer des perruques dans un salon de beauté, si le lion se mettait à aboyer, je serais d'abord très surpris. Puis, connaissant mon Socrate, je me dirais qu'il y a là certainement une ruse typique de Socrate pour mettre son audience dans l'embarras, et la forcer de s'interroger sur tel ou tel préjugé; ruse par ailleurs du lion pour attirer sa proie. Enfin, si les deux persévèrent dans leur conduite *a-normale*, je me dirais que Socrate n'est plus Socrate, qu'il ne sait plus être (le vrai) Socrate, qu'il a reçu un coup sur la tête et qu'il est devenu fou; je me dirais que le lion n'est plus un lion, qu'il s'agit d'un faux lion, d'un animal monstrueux d'apparence léonine et de vocalité canine. Mais qu'en diraient mon Socrate à la perruque, mon lion aboyant? Que dirais-je de moi-même si aux yeux de ceux qui m'entourent j'avais changé totalement, sans en être moi-même conscient? Aurais-je cessé à mes propres yeux d'être adéquat à moi-même?

Ici on constate qu'il ne s'agit plus — comme dans le cas du savoir (que) — de l'adéquation statique entre un *representans* et un *representandum* extérieur à la situation cognitive qui produit ce *representans*. Dans le cas du savoir-être, le *representans* ne fait qu'un avec le *representandum*. Alors que la formule de la situation cognitive de savoir (que) est *quelqu'un sait que tel et tel est le cas*, et qu'il y a séparation entre le savoir (que) et ce que ce savoir vise, la formule de la situation cognitive du savoir-être est *quelqu'un sait être ce qu'il est*, le lion sait lioniser, Socrate sait socratiser. Là il n'y a pas séparation entre le *representans* et le *representandum*, puisque le *representans* est la réalisation du *representandum*. Le *representandum* n'existe pas à part de sa représentation, si ce n'est comme un être en puissance qui n'est en acte que lorsque le *representans* se réalise. Le sujet du savoir-être est aussi l'objet du savoir-être qu'il vise.

Quelle différence y a-t-il entre savoir être soi et être soi, s'il suffit d'être pour savoir être ce que l'on est? En quel sens parle-t-on ici d'un savoir? Est-ce que le sujet d'une situation cognitive de savoir-être pourrait ne pas savoir être tout en persévérant dans l'être? Pour éclairer ces divers points, considérons deux contextes dans lesquels le savoir-être se déploie: un contexte stable en état d'équilibre, et un contexte instable à la recherche de l'équilibre — chacun d'eux exprimant une connotation différente de ce qui rend adéquat un savoir-être à ce que ce savoir-être vise.

Comme exemple de contextes stables, prenons un soldat dans une armée, un fonctionnaire dans une administration, et en général un membre d'une société fonctionnelle dans laquelle il se voit attribuer une fonction qui le définit. *Je-soldat* sait être soldat quand il remplit correctement la fonction qui lui est attribuée dans l'ensemble *armée*, en complémentarité avec l'ensemble des soldats qui constituent l'armée. On étend de manière analogique la portée du savoir-être quand on dit que la fourmi sait être fourmi dans sa fourmilière, l'abeille dans son essaim; et en allant plus loin dans l'analogie, tel mot dans la langue dont il fait partie, tel théorème dans la théorie dans le cadre de laquelle il a été élaboré. Dans tous ces cas, chaque élément du groupe, pour être un élément de ce groupe, sait être ce qu'il doit être — dans la mesure où il remplit correctement sa fonction dans l'ensemble dont il fait partie.

Dans une armée, chaque soldat se trouve — devrait se trouver — à sa place. La fonction de chaque soldat est déterminée de manière relationnelle par l'ensemble des fonctions de tous les soldats, compte-tenu du but général de l'armée. De même, dans une langue naturelle, chaque mot est décrit, est défini, par les autres mots de ce langage: chaque terme *sait être* dans et par sa relation avec les autres termes qui ensemble constituent la langue en question. Aussi bien pour le soldat dans l'armée que pour le mot dans la langue, chaque élément remplit correctement sa fonction quand il est en cohérence avec l'ensemble des éléments de son groupe fonctionnel: il est alors adéquat à son groupe, le soldat à son armée, le mot à sa langue. Pour tout élément d'un groupe fonctionnel, savoir être revient donc à être en état de cohérence avec les autres éléments de son groupe. (Remarquons qu'aussi bien l'armée que la langue sont des ensembles qui se transforment, qui sont sujets à des processus d'innovation et de péremption. C'est pour les besoins de l'argument que je les considère ici comme des ensembles stables en état d'équilibre.)

Contrairement à ce que l'on a vu dans des situations cognitives à savoir (que), dans lesquelles le *representans* est une proposition distincte du *representandum* qu'il vise, ici chaque élément du groupe fonctionnel se représente soi-même, se vise soi-même, mais en relation avec les autres éléments du groupe. L'adéquation cognitive ne résulte plus de la mise en correspondance d'un savoir (que) avec ce que celui-ci vise, mais de la cohérence d'un élément avec l'ensemble des éléments du groupe fonctionnel auquel il appartient. Le critère de l'adéquation n'est pas la correspondance entre une proposition et l'objet de savoir auquel elle se réfère, mais la cohérence entre un élément et l'ensemble d'éléments qui lui font fonctionnellement complémentaires. L'adéquation se joue ici sur les limites, sur les bords, sur l'interface entre l'élément en question et les éléments qui l'entourent — spatialement et/ou idéellement. Le soldat sait être soldat quand il est en cohérence avec les soldats qui l'entourent; la section, la compagnie, le régiment, savent être ce qu'ils doivent être quand ils sont en cohérence avec leur entourage direct d'abord, puis avec leur entourage indirect, jusqu'à ce que l'on arrive aux limites extérieures de l'armée: et là d'autres problèmes de cohérence se posent, l'armée dans la nation, l'armée par rapport aux autres armées, etc.

Des contextes plutôt stables que constituent des groupes fonctionnels — armée, ruche, langue —, passons à des contextes plutôt instables, à des contextes à la recherche de l'équilibre. Socrate sait être Socrate en socratisant, le lion sait être lion en lionisant, je sais être moi en étant en conformité avec moi-même. L'*analogon* le plus instructif d'un contexte instable est l'organisme vivant, qui persévère dans son être dans un milieu qui à la fois lui en fournit les moyens, et qui est la cause des perturbations que l'organisme doit surmonter pour survivre. Plutôt que de savoir être, il vaut mieux parler ici de savoir devenir et de savoir subsister. Le contexte est instable en ce qu'il est en permanence à la recherche d'un équilibre, qui lui-même n'est pas statique mais fluctuant. Le lion lionise, Socrate socratise, et moi-même je cherche sans arrêt à continuer d'être moi, je suis en quête d'un moi qui à la fois m'est présent et qui m'échappe sans cesse. Je suis un organisme qui se maintient dans un milieu qui à la fois le nourrit et le perturbe — jusqu'au moment où le milieu prend le dessus, ma bulle implose, et je meurs.

Dans un contexte instable, la cohérence n'est pas ce qui lie une entité aux autres entités avec lesquelles elle constitue un ensemble — le lion avec les autres lions —, mais plutôt l'adéquation entre l'état actuel de l'entité en question et son état *normal*, conforme à la norme, conforme à la manière dont elle doit être pour être soi. Non pas, comme dans le cas d'un puzzle, la cohérence sur les bords, mais une auto-cohérence dynamique, un accord avec soi, avec une représentation de soi qui n'est pas une copie, mais le soi véritable. Quand Socrate socratise, il est en accord total avec soi-même, il est en état d'auto-cohérence. Le sujet d'une situation cognitive instable sait être dans la mesure où il persévère dans son être propre, dans le mode d'être qui le désigne pour ce qu'il est, pour ce qu'il doit être.

Socrate sait être Socrate quand il socratise correctement, quand il est en accord, en cohérence, avec soi. Comment se sait-il en accord avec soi-même, quel est le critère de cette cohérence? Pour moi qui de l'extérieur observe Socrate en train de socratiser, la tâche est relativement simple. J'ai en moi une idée de Socrate tel qu'il doit être, un Socrate *normalisé*, un Socrate selon la norme — sans chercher pour le moment à savoir comment cette idée s'est constituée en moi. D'autre part, j'observe Socrate tel qu'il se conduit sous mes yeux: et je compare ces deux états de Socrate, son état actuel et son état normal. Si ces deux états coincident, j'en conclus que Socrate actuel sait être Socrate normal. On remarque que je me trouve ici dans une situation cognitive de savoir (que): en effet, (je sais que) Socrate sait être Socrate, dans la mesure où la représentation que j'ai de Socrate actuel correspond à la représentation que j'ai de Socrate *normal*, de Socrate idéal.

Le savoir-être de Socrate est un savoir (que) pour moi qui observe Socrate. Je dis que — à mes yeux — Socrate sait être Socrate, parce qu'il m'est aussi possible d'envisager l'éventualité selon laquelle Socrate ne saurait être Socrate — quand il ne se conduit pas en accord avec l'idée-norme que j'ai de Socrate: auquel cas, il n'est plus (mon) Socrate pour moi, alors qu'il me semble bien qu'il continue à être Socrate pour soi-même — sauf s'il perd la conscience de soi. Comment se constitue cette idée-norme de Socrate à l'aune de laquelle je juge le Socrate actuel? C'est parce que je connais des états de Socrate qui précèdent son état actuel que j'ai l'impression de savoir ce que c'est que d'être Socrate: de même que c'est parce que je connais d'avance le fonctionnement correct du foie que je peux comparer l'état actuel d'un foie à son état normal. L'idée-norme de Socrate me vient de ma connaissance de Socrate, de même que mon idée-norme du foie me vient de ma connaissance du foie. Chaque entité fonctionnelle auto-constitue sa propre norme (pour moi), qui n'est en fin de compte rien d'autre que sa manière régulière, *normale*, d'être et de se conduire, telle que celle-ci se présente à moi.

De ce point de vue, le savoir-être dépend d'un savoir (que), qui est le lieu de la comparaison entre l'état actuel de l'entité qui sait être, et l'état *normal* par rapport auquel cet état actuel est situé : tout cela aux yeux de l'observateur qui possède l'aptitude de comparer ces deux états. Bref, pour moi, Socrate sait être quand son état actuel est en correspondance avec l'image idéale, normale, de Socrate, telle que je l'ai constituée par mes observations préalables, ou telle que je l'ai reçue par éducation, par tradition, par culture.

Mais qu'en est-il pour Socrate lui-même? Est-ce que Socrate, considéré comme le sujet d'une situation cognitive de savoir-être, est en possession d'une idée de soi par rapport à laquelle il règle sa conduite, sa manière d'être, par rapport à laquelle il sait être? Est-ce que Socrate peut savoir quand il n'est pas Socrate, quand il ne sait pas être Socrate, quand il n'est pas adéquat à l'état *normal* de Socrate?

On aboutit ainsi au problème de la conscience de soi de Socrate, de sa connaissance de soi, et de sa conduite en fonction de cette connaissance qu'il a de soi. Tout ce qui est, ne sait pas être du simple fait qu'il est : si savoir-être était synonyme d'être, toute la problématique du savoir-être serait tout à fait triviale. Ce n'est que parce que Socrate a une idée de soi qu'il sait être Socrate, parce qu'il est doué de conscience et de connaissance de soi : autrement, il serait et rien de plus. Socrate dans un état comateux ne sait pas être Socrate, il est (le corps de) Socrate. C'est parce que Socrate a une idée de soi — même s'il n'en est pas conscient en permanence — qu'il peut, s'il disfonctionne, se rendre compte qu'il n'est plus le vrai Socrate, qu'il n'est plus en cohérence avec soi-même et avec l'idée qu'il a de soi. Il s'ensuit que le savoir-être de Socrate — dans la mesure où il ne désigne pas simplement le fait que Socrate est et qu'il persévère dans son être — dépend d'un savoir (que), d'une idée que Socrate a de soi et par rapport à laquelle il règle sa manière d'être. Socrate sait être Socrate tant qu'il règle sa conduite à la lumière de l'image de soi avec laquelle il cherche à être en cohérence.

Un savoir (que) accompagne ainsi tout savoir-être. Ceci est vrai, non seulement dans le cas de contextes instables à la recherche de l'équilibre, mais aussi dans le cas de contexte (plutôt) stables, dont la régulation n'est pas dynamique mais topologique. Un soldat, pour savoir être soldat, doit avoir une idée de ce que c'est que d'être un soldat dans une armée, des diverses fonctions et relations entre éléments constituants de l'armée. Tout au moins à son niveau, il sait à qui il doit obéir, à qui il peut commander, quelles sont ses obligations, quels sont ses droits. Tout comme Socrate, notre soldat est le sujet d'une situation cognitive de savoir-être, qui s'accompagne d'un savoir (que). C'est uniquement par analogie avec la situation cognitive humaine que je dis que la fourmi sait être dans la fourmilière, un théorème dans une théorie mathématique, et que le lion sait être un lion. Ce n'est que du point de vue de l'observateur (humain) que l'on parle ici de savoir-être et de cohérence entre éléments et en soi.

Dans cet examen de la problématique du savoir-être, on est arrivé à deux notions différentes du savoir-être selon le contexte. Dans des contextes stables, savoir-être revient à être en cohérence topologique, avec des éléments qui entourent le sujet qui sait être; dans des contextes instables, savoir-être revient à être en cohérence dynamique avec une projection de soi qui sert de visée et de norme. D'une part, la cohérence comme mesure de la coexistence réglée d'éléments divers d'un même ensemble, que ce soit à un même niveau ou à des niveaux différents; d'autre part, la cohérence comme recherche de l'équilibre, compte-tenu des tensions internes et des perturbations externes. Dans les deux cas, l'identité de l'entité tient à sa cohérence, qu'elle soit externe en fonction des éléments qui l'entourent, ou interne en fonction d'une idée de soi.

Alors qu'aux situations cognitives de savoir (que) s'appliquait l'adage *veritas est adaequatio rei ad intellectum*, aux situations cognitives de savoir-être s'applique avec justesse l'adage que l'on trouve chez Spinoza: *veritas index sui*, la vérité est signe de soi, la vérité est son propre signe. L'adéquation du savoir-être des entités qui savent être — la vérité n'étant qu'un cas-limite de cette adéquation — ne dépend pas de ce qu'elles sont et du contexte dans lequel elles se manifestent. L'adéquation entre savoir et objet de savoir dans le cas du savoir-être est évaluée, non pas en fonction d'une correspondance entre un *representans* idéel et le *representandum* qu'il vise, mais en fonction de la cohérence externe entre l'entité en question et les entités qui l'entourent, et en fonction de la cohérence interne entre deux manières d'être du sujet de la situation cognitive de savoir-être.

La vérité du savoir-être d'un élément d'un ensemble consiste en sa cohérence avec les autres éléments qui composent cet ensemble, et dépend de l'adéquation de chacun de ces éléments les uns aux autres. En ce sens, la vérité de chaque élément est tenue par la vérité de l'ensemble des éléments: la cohérence des éléments entre eux constitue le signe de la vérité, à la fois de l'ensemble et de chacun de ses constituants. *Veritas index sui*: le groupe fonctionnel est signe de sa propre vérité, et de la vérité de chacun de ses constituants. A la manière des réseaux qui ne fonctionnent que quand tous les éléments du réseau fonctionnent correctement: et où la vérité de chaque élément du réseau, c'est-à-dire son adéquation à l'ensemble, est tenue par le fonctionnement du réseau tout entier, qui lui-même ne peut fonctionner que si chacun de ses constituants fonctionnent correctement.

Veritas index sui aussi dans le cas du savoir-être d'une entité qui se vise soi-même en persévérant dans son être propre. Socrate sait être Socrate en socratisant: la vérité de Socrate qui socratise n'est pas statique, elle se constitue sans cesse, en une tendance asymptotique vers une image de soi normale, idéale, qui elle-même est constituée et renforcée par Socrate — même s'il n'en est pas toujours conscient. Socrate est *naturaliter* Socrate en étant soi — et il devient *inadéquat* à soi, *faux* par rapport à soi, quand il agit contre nature, contre sa nature propre. La vérité de Socrate est de savoir être Socrate, non pas de le représenter. Bien sûr, on découvre là en Socrate une sorte de dédoublement, un savoir (que) de soi, comme s'il y avait un *representans* et un *representandum*: et c'est sur ce dédoublement que fonctionne la procédure d'adéquation. Mais ce dédoublement n'est pas entre deux entités, l'une cognitive et l'autre ontologique: mais entre deux réfractions d'une même entité, du même Socrate, qui se recouvrent à la manière dont deux images à deux dimensions, telles qu'en constitue chacun de nos yeux, se recouvrent l'une l'autre pour former ensemble une seule image stéréométrique, une image en profondeur. La vérité de Socrate se manifeste quand l'image actuelle recouvre adéquatement l'image *normale*; et ensemble elles livrent le Socrate authentique, le Socrate en acte, le Socrate vrai.

Le savoir-faire et son objet de savoir

Passons maintenant à la situation cognitive du savoir-faire: *quelqu'un sait faire quelque chose.* Nous venons de voir que dans la situation cognitive du savoir (que), le sujet est essentiellement un œil qui observe et qui enregistre; et que dans la situation cognitive du savoir-être, le sujet est une entité qui se situe topologiquement par rapport à son entourage, et dynamiquement par rapport à une idée de soi. Dans la situation cognitive du savoir-faire, le sujet est une main, un agent, quelqu'un qui fait quelque chose: non pas n'importe quoi, mais une chose qu'il a en vue de faire. Il agit en vue d'un but; et son action est confirmée par sa réussite à atteindre le but qu'il s'est fixé. *Je sais faire un gâteau* quand je sais faire un gâteau: et le gâteau que je vous présente et que j'ai fait moi-même est la preuve de mon savoir-faire. La vérité de mon savoir-faire-un-gâteau est ce gâteau lui-même: comme le dit

William James «*truth is what works*». La vérité du savoir-faire se confond avec la réussite: tout comme la fausseté du savoir-faire se confond avec l'échec.

La réussite du savoir-faire est fondée sur l'adéquation entre ce que je veux faire et ce que je fais, dans la mesure où mon intention, ma volonté, est de rendre mon action adéquate à la fin que je vise. Je veux faire tel gâteau: pour cela j'emploie telle recette et tels ingrédients. Là aussi, on le voit, il y a dédoublement: d'une part, un objectif à atteindre, qui sert d'idée directrice et d'appât; d'autre part, les moyens dont dispose le sujet de la situation cognitive de savoir-faire pour mener à bien son entreprise, pour réussir dans son action. Bien sûr, l'objectif n'est pas toujours aussi clairement défini que quand il s'agit de faire une tarte aux pommes; et les moyens dont il dispose ne sont pas toujours aussi clairement précisés que les ingrédients et la recette de cette tarte aux pommes. Mais dans ses lignes générales, toute situation cognitive de savoir-faire implique d'une part que je sais ce que je veux — même si ce n'est pas très clairement; et que je sais ce que je dois faire pour y arriver, même si ce n'est pas de manière très précise. Réussir revient à savoir accorder les moyens dont je dispose à la fin que je vise.

La situation cognitive du savoir-faire ne doit pas être confondue avec la situation du faire. Quand je dis que le castor sait construire des digues, j'entends par là que tel castor a effectivement construit telle digue, que tel castor est occupé à construire une digue, et qu'il réussit à le faire; et qu'il me donne l'impression, à moi qui l'observe, de suivre un plan de travail, un programme, dont l'aboutissement final est une digue. De même, quand je dis qu'une machine sait faire des trous, j'entends par là que quand elle fonctionne, elle fait des trous, et qu'elle fonctionne selon un programme dont la finalité est de faire des trous. J'attribue un savoir-faire au castor, à la machine, à cause de la réussite que je constate dans leur entreprise; surtout dans le suivi de leur entreprise. Cependant, quand je dis que le pâtissier sait faire des gâteaux, j'implique quelque chose de plus. Le pâtissier sait faire des gâteaux, et il sait ce qu'il veut faire — alors que la machine simplement fait des trous. Quant au castor, je n 'ose pas me prononcer sur sa volonté de faire une digue, mais il me semble bien (par anthropocentrisme peut-être) qu'il ne sait pas qu'il veut construire une digue: je dirais plutôt que son instinct — sa volonté inconsciente — le pousse à construire une digue.

En outre, je pense aussi que le pâtissier sait (que) il sait faire des gâteaux. C'est dire que j'attribue au sujet de la situation cognitive de savoir-faire non seulement le savoir-faire proprement dit, mais aussi la conscience du but à atteindre, ainsi que la conscience de soi comme étant celui qui cherche à atteindre ce but. Bref, c'est au sujet humain de la situation cognitive du savoir-faire que j'attribue le savoir-faire au sens propre. Savoir faire, ce n'est pas seulement faire, mais aussi savoir ce que l'on veut faire, savoir le faire, et vouloir le faire. Si le castor remplit ces conditions, il est des nôtres. Sinon, pour lui comme pour la machine, on ne parle de savoir-faire que par analogie; ils font, mais ils ne savent pas faire.

Sous l'aspect de la relation entre savoir et objet de savoir, le savoir-faire a pour objet la fin qu'il vise. Mais cette fin n'est pas ce que le savoir-faire cherche à copier ou à exprimer, ou à vivre; elle est ce qu'il cherche à réaliser. Il ne s'agit pas, comme dans le cas du savoir (que), d'une correspondance entre une idée dans l'esprit du sujet connaissant, et ce que cette idée représente; ni, comme dans le cas du savoir-être, de la cohérence entre un élément et les éléments de même nature qui l'entourent, ou de la cohérence de deux images d'une même entité. Dans le cas du savoir-faire, il s'agit de la réalisation d'une intention guidée vers une fin; et cette fin elle-même n'est pas une réalité, elle est une idée que le sujet du savoir-faire cherche à réaliser. Une fois la fin réalisée, le savoir-faire cesse d'être, il se met en veilleuse, en puissance, dans l'attente d'une nouvelle fin à réaliser.

Pour clore ces considérations sur les modes de savoir dans la situation cognitives, je voudrais souligner leur complémentarité. D'abord, on constate que je n'ai traité ici que de trois modes de savoir — savoir (que), savoir-être, savoir-faire. Bien qu'il soit possible d'en concevoir d'autres — savoir-ressentir, savoir-mémoriser, savoir-prévoir, etc. — ces trois modes de savoir me semblent couvrir l'essentiel du terrain cognitif. D'une manière un peu schématique, on peut faire correspondre le savoir (que) à la science, au regard extérieur sur ce qui est; le savoir-être, à une éthique généralisée, à l'auto-réalisation du sujet par son *ethos*, par la manière d'être qui lui convient; le savoir-faire, à la technique au sens large, à la manière de faire, d'agir, en vue d'atteindre tel but, telle fin. Ces trois modes de savoir répondent à l'homme qui sait, à l'homme qui vit, l'homme qui fait — et Dieu, les organismes, les machines ne savent que par analogie.

Cette manière de considérer les divers modes de savoir comme autant de manisfestations du même sujet dans des situations cognitives différentes, met en lumière leur profonde complémentarité. C'est le même homme qui sait (que), qui vit, qui fait — et qui dans chacune de ces manières diverses de savoir se manifeste comme le sujet d'une situation cognitive. Souvent, dans la spéculation philosophique, on a tendance à mettre en avant un seul de ces modes de savoir, en négligeant les deux autres, ou en les considérant comme réductibles à lui. C'est ainsi que l'on aboutit à trois théories de la vérité — par correspondance, par cohérence, par réussite (=théorie pragmatique de la vérité) — qui se veulent exclusives l'une des autres. Cependant, dès que l'on considère ces trois modes de savoir comme autant des manifestations complémentaires et non pas exclusives, on constate que les critères d'adéquation (=de vérité) qui commandent ces modes de savoir sont eux-aussi complémentaires et non exclusifs. Nous savons selon des modes divers; et chacun de ces modes possède un autre critère d'adéquation entre ce qu'il est et ce qu'il vise.

A titre de sujet connaissant, je sais (que), je sais être, je sais faire — tout en restant le même sujet connaissant. Je ne suis pas qu'un œil qui regarde, ou qu'un organisme qui vit, ou qu'une main qui fabrique: je suis tout cela à la fois, et me découper revient à m'amputer, à me diminuer. C'est dans cette perspective intégrante que l'approche de l'activité cognitive par la situation cognitive que je préconise ici, me paraît féconde. Elle permet de bien mettre en lumière la diversité du sujet connaissant, elle l'ouvre, elle l'exprime. Je suis un connaissant polymorphe: et c'est ma richesse et ma diversité cognitives qu'expriment les situations cognitives diverses dans lesquelles je me trouve, en fonction des modes de savoir qu'elles cherchent à réaliser.

Dans le mode du savoir (que), je suis un œil qui contemple, je cherche à connaître tel et tel aspect de ce qui est, sur lequel je porte mon attention. Je suis un œil qui observe sans pour autant être une table absolument rase. Disons plutôt que pour bien connaître ce qui se présente à moi, c'est-à-dire pour constituer en moi une représentation adéquate à l'objet de savoir que je vise, j'essaye autant que possible de minimiser ma présence, d'éliminer ce qui en moi pourrait (à mes yeux) éventuellement géner mon observation *objective* de cet objet de savoir. Je cherche à me rendre invisible, transparent, pour ne pas fausser ce que je contemple, pour être aussi inexistant que possible, sans impact sur mon objet de savoir — même si celui-ci est mon propre corps, mon esprit, ma conduite, mes désirs. Tout cela afin que le *representans* que je constitue en moi soit aussi fidèle que possible, aussi adéquat que possible, à son *representandum*. Là surgit à nouveau le vrai problème de la correspondance: comment savoir que mon *representans* est adéquat à son *representandum*?

Sous le mode du savoir-être, *je*, sujet connaissant, vis ma vie et cherche à la régler, à la rendre adéquate à une norme qui me sert de manière d'être idéale. Je cherche à rendre ma conduite adéquate à une image de moi, celle que m'impose la société et que j'accepte sans la critiquer, ou celle que je me constitue pour moi-même, avec des matériaux d'origines diverses. Je veux être ce que je dois être : c'est dire que je ne cherche pas à éliminer ma personne, à la rendre transparente, comme dans le cas du savoir (que), mais à l'adapter, à la transformer, en la traitant comme un matériau que je m'efforce de manipuler pour me rendre adéquat à l'image de moi que je vise à être. Une grande partie de ma vie se passe à me regarder être, à voir si je suis ce que je veux être, et à chercher à savoir ce que je dois être, à la recherche de cet équilibre entre moi et moi.

Enfin, sous le mode du savoir-faire, je sais faire des choses en vue d'une fin, je sais mettre en jeu des procédures pour réaliser des buts. Je suis une main qui agit, et il m'arrive de réussir, d'aboutir à mes fins. Cette constatation m'amène à élargir le domaine que j'ai attribué au savoir faire. Si le critère du savoir-faire est la réussite, atteindre le but que l'on s'est fixé, il semble bien que tous les modes de savoir demandent un savoir-faire : le savoir-faire du savoir (que), le savoir-faire du savoir-être, le savoir-faire du savoir-faire. On est ainsi amené à poser un savoir-faire de deuxième degré, un savoir-faire des divers modes de savoir : ce qui semble privilégier le critère pragmatique de la vérité par réussite, pour lequel est vrai ce qui fonctionne correctement, ce qui réussit.

Or, il est possible d'élargir ce deuxième niveau et de poser que si le critère du savoir (que) est la correspondance entre un savoir et l'objet de ce savoir, tous les modes de savoir sont tenus par un savoir (que), qui de ce point de vue joue le rôle de savoir des savoirs : (je sais que) je sais que, (je sais que) je sais être, (je sais que) je sais faire. Il en est de même pour le savoir-être : (je sais être celui) qui sait (que), (je sais être celui) qui sait être quelqu'un, (je sais être celui) qui sait faire. Quelle que soit l'image que j'ai de moi, je sais l'être. On constate ainsi que les modes de savoir sont imbriqués les uns dans les autres, à des niveaux divers ; qu'aucun d'eux n'est exclusif des autres, qu'aucun d'eux n'est préférable aux autres ou prioritaire par rapport à eux ; qu'ils sont complémentaires entre eux, et se renforcent les uns les autres dans la personne du sujet connaissant qui les exprime en soi.

CHAPITRE 9

LA RELATION SUJET CONNAISSANT/OBJET DE SAVOIR

Examinons maintenant la modulation du savoir dans la situation cognitive selon un axe qui relie le sujet connaissant à l'objet de savoir qu'il vise. En traitant des divers modes de savoir, on a considéré qu'un savoir (que) est adéquat, est vrai, quand il correspond à l'objet de savoir qu'il représente. Je veux maintenant reprendre le problème de l'adéquation du savoir (que) sous un autre angle, en considérant l'impact du sujet, non pas sur la constitution du savoir, mais sur sa connotation objective/subjective. Pour cela, je propose de considérer la situation cognitive comme le lieu de déploiement d'une relation entre deux pôles, l'un constitué par le sujet connaissant, et l'autre par l'objet de savoir — le savoir (que) circulant entre ces deux pôles.

La variance objective/subjective du savoir dépend de l'intensité de la relation sujet/objet qui produit ce savoir — avec comme cas-limites, un savoir entièrement objectif, pour lequel tout le poids de la relation est centré sur le pôle *objet*; et un savoir entièrement subjectif, pour lequel tout le poids de la relation porte sur le pôle *sujet*. Un savoir objectif, qui n'est marqué en rien par la particularité du sujet connaissant, et ne se réfère qu'à l'objet connu: indépendant de l'état d'esprit du sujet connaissant, il décrit un état de choses uniquement. Un savoir subjectif, qui exprime essentiellement le sentiment cognitif spécifique du sujet de cette situation cognitive: plutôt que de décrire un état de choses, ce savoir décrit un état d'esprit.

Avant de poursuivre, il me paraît important de souligner que la distinction connotative objectif/subjectif ne correspond pas à la distinction doctrinale réalisme/idéalisme — bien qu'il y ait entre elles des points de recoupement. Ce n'est pas parce que je pense que le monde extérieur est réel et qu'il existe indépendamment de mon esprit, que je dois pouvoir atteindre un savoir objectif de ce monde. A l'inverse, ce n'est pas parce que je pense que l'activité de l'esprit et de ses contenus est constitutrice de ce qui est, que je dois me limiter à un savoir subjectif: une théorie mathématique *idéaliste* n'est pas nécessairement subjective. Il est tout à fait possible de parler d'un savoir objectif dans une perspective idéaliste, tout comme d'un savoir subjectif dans une perspective réaliste.

En effet, on dit d'un savoir qu'il est objectif, non pas parce que l'objet de savoir qu'il vise existe indépendamment de l'esprit du sujet qui le traite, mais parce que ce savoir n'est pas soumis aux idiosyncrasies du sujet connaissant. C'est en ce sens qu'il est possible d'attribuer un savoir objectif à la monade leibnizienne qui contient en soi l'univers des apparences: parce que, selon Leibniz, toutes les monades ont été créées par Dieu en harmonie — elles sont toutes des horloges qui ont été remontées en même temps et qui sont synchrones. Voilà donc un savoir objectif dans une perspective idéaliste radicale.

Dans une perspective idéaliste moins radicale — celle de Kant, qui admet l'existence d'un monde extérieur que le sujet connaissant ne peut connaître tel qu'il est en soi —, on peut parler d'un savoir objectif dans la mesure où, dans chaque sujet connaissant en possession de ses moyens cognitifs, on retrouve la même structure cognitive. Chaque sujet dispose des mêmes instruments cognitifs, les intuitions de la sensibilité (espace et temps) et les catégories de l'entendement (quantité, qualité, relation, modalité), par le moyen desquels il intègre et ordonne les phénomènes qui se présentent à lui, en les faisant passer par un moule qui est le même pour tous les sujets connaissants — d'où la possibilité d'une science des phénomènes qui soit objective, sans pour autant pouvoir appréhender le monde nouménal en soi.

De même, on peut parler d'un savoir subjectif dans une perspective ontologique réaliste. Ce n'est pas parce que les objets existent indépendamment des esprits qui les perçoivent, que le savoir qu'en ont ces esprits est nécessairement objectif. Il est tout à fait possible d'envisager une situation d'extrême diversité parmi les sujets connaissants, chacun d'eux ayant des moyens de perception et d'analyse cognitives qui lui sont propres et le distinguent de tous les autres. Bref, le savoir objectif n'est pas le savoir que l'on a de l'objet *réaliste*, de même que le savoir subjectif n'est pas le savoir qu'a le sujet *idéaliste*. Qu'il soit objectif ou subjectif, il s'agit toujours du savoir dont dispose un sujet connaissant par rapport à un objet de savoir. Ce savoir est objectif ou subjectif en fonction de la manière dont le sujet connaissant appréhende l'objet de savoir qu'il vise.

En prenant le savoir objectif comme visée idéale, on constate que l'effort cognitif du sujet connaissant se déploie selon deux lignes de force complémentaires: d'une part, percevoir, penser, formuler l'objet de savoir visé de la manière la plus adéquate; d'autre part, se soustraire autant que possible à sa propre idiosyncrasie. La contemplation (*theoria*) sert ici de modèle à l'activité cognitive: celui qui sait est un œil qui contemple, un miroir qui réfléchit, une perception pure, sans impact aucun sur l'objet qu'il connaît. Tenu par ces deux injonctions — percevoir fidèlement l'objet, annuler l'impact du sujet —, le savoir objectif se présente comme la transcription correcte de ce qui est visé: un compte-rendu cognitif, qui est dicible, vérifiable ou démontrable, universalisable parmi tous les sujets connaissants, communicable (théoriquement tout au moins) à tous les sujets connaissants. Des critères sont ainsi posés, qui sont caractéristiques du savoir objectif, critères qui le cernent dans ses intentions, et l'inscrivent dans ses limites.

Dans la situation cognitive du savoir (que) objectif, le sujet connaissant, sans lequel il ne peut y avoir savoir, ne fonctionne à la limite que comme un récepteur, un transformateur intégré et universel, et comme un porteur de savoir. Il ne fonctionne pas comme un sujet personnalisé, mais comme une machine à intégrer des données et à les travailler, semblable à d'autres machines capables comme lui d'intégrer ces données cognitives de la même manière, et interchangeable avec elles. C'est par rapport à l'ensemble de ces machines à intégrer le savoir que le savoir objectif est universalisable. C'est parce qu'on suppose que ce savoir est stable face à la multiplicité interchangeable des sujets connaissants, qu'il peut être vérifiable, démonstrable, communicable. On est là en plein dans l'idéal du savoir scientifique — surtout celui des sciences de la nature —, norme à laquelle aspire et se réfère une catégorie particulièrement importante de sujets connaissants, les chercheurs scientifiques.

A l'autre extrémité de l'axe objectif/subjectif, on trouve le savoir subjectif, expression du sentiment cognitif du sujet connaissant. Le savoir comme toujours est savoir de quelque chose, mais ce *quelque chose* n'est perçu qu'à travers la coloration que lui donne le sujet connaissant. On vient de voir que la connotation objective du savoir tend à éliminer, non pas le sujet connaissant lui-même, mais ce que son impact sur le savoir a de particularisant. La connotation subjective du savoir se manifeste par cet impact. L'objet du savoir subjectif existe, mais il n'est que ce qu'il est pour le sujet qui le connaît: à la limite, cet objet de savoir n'est qu'un prétexte qui permet au sujet de se manifester dans sa spécificité. Le savoir subjectif n'est pas un reflet de l'objet en soi, mais il est le reflet de cet objet en moi, il est ma manière de refléter cet objet, qui est sans reflet cognitif propre. En ce sens, on peut dire que l'objet de savoir subjectif n'existe que comme un effet du savoir que j'en ai, et par rapport à ce savoir. D'où la question essentielle du savoir subjectif: s'agit-il d'un savoir sans objet de savoir, d'une simple coloration cognitive par le sujet connaissant?

En effet, sous l'angle du savoir subjectif, le monde, dans la mesure où il existe indépendamment du sujet qui le perçoit, est un magma indifférencié qui ne prend forme que dans et par l'esprit du sujet. Connaître revient à faire passer l'amorphité du monde par le moule des catégories cognitives du sujet: catégories qui — à la différence de la doctrine kantienne du sujet transcendantal — ne seraient pas universelles mais particulières, personnelles, relatives à chaque sujet connaissant pris à part. En continuant dans cette direction, il ne saurait y avoir de comparaison entre savoirs subjectifs, puisqu'il faudrait passer par l'objectivité du langage, qui demanderait elle aussi à être fondée — ce qui, dans une perspective subjective radicale, n'est pas possible. L'existence même des autres sujets connaissants, ou tout au moins la connaissance de leur existence, est alors remise en question: et on aboutit à un solipsisme, sinon de l'existence, tout au moins de la connaissance. A l'extrêmité radicale du pôle du savoir subjectif, je pense, je sais, donc moi seul je suis: et je me connais comme n'étant rien d'autre que mon impact sur ce que je contiens en moi.

Dans le contexte culturel dans lequel nous vivons, avec l'importance accordée à la science et à la technique, le savoir objectif est considéré comme le bon savoir. Il se présente comme une visée, un espoir, un idéal, vers lequel tendent ceux qui pensent qu'un tel savoir est à notre portée; tandis que le savoir subjectif est ce dont nous devons nous satisfaire, un savoir par défaut avec lequel nous devons nous arranger. Or il se trouve — en tout cas, j'en suis persuadé — qu'il ne nous est pas possible de connaître les choses en soi. Disons-le autrement: il se trouve que les êtres humains ne peuvent savoir que dans le cadre de situations cognitives dans lesquelles un sujet connaissant sait quelque chose. Tout savoir est le savoir d'un sujet, tout savoir passe par le sujet du savoir, et c'est le sujet qui donne sa coloration au savoir. De ce point de vue tout savoir est subjectif, puisque tout savoir est le savoir d'un sujet: et la différence entre savoir *objectif* et savoir *subjectif* — au sens où je l'entendais plus haut — se joue sur une différence d'impact du sujet connaissant sur le savoir qu'il produit ou qu'il transporte.

Cependant, tout savoir (que) est savoir de quelque chose, même s'il s'agit du savoir que j'ai de moi-même ou de mon savoir: en ce sens, tout savoir est objectif, puisqu'il vise un objet de savoir. Il s'ensuit que dans toute situation cognitive de savoir (que), on découvre un aspect subjectif qui a trait à l'impact du sujet sur le savoir (que) en question, et un aspect objectif qui concerne ce que vise le savoir (que) en question. Il nous faut donc revoir la distinction employée jusque là entre savoir objectif et savoir subjectif. Il ne s'agit plus de la tension entre deux pôles de même nature mais de signes opposés. Tout savoir est objectif; et la différentiation entre savoirs (que) de ce point de vue se fait en fonction de l'impact subjectif. C'est dire qu'en tout savoir il y a une visée objective, qui est modulée par un impact subjectif.

Tout savoir (que) dépend d'un impact subjectif, puisqu'il dépend d'un sujet aussi bien pour sa constitution que pour sa transmission: en ce sens tout savoir est subjectif, le savoir des mathématiques et des sciences tout autant que le savoir des arts, des sentiments, de l'empathie. Il s'agit toujours de savoirs du sujet. Ce que nous avons l'habitude de désigner comme savoir objectif est en réalité un savoir dans lequel l'impact du sujet particulier est réduit au minimum. J'entends par là, non pas que les sujets cessent d'exister, mais que leur spécificité les uns par rapport aux autres s'amenuise jusqu'à disparaître. C'est ainsi qu'on est amené à l'idée d'une généralité du sujet connaissant, d'une uniformité de la nature humaine connaissante, qui fait que, par delà les variantes idiosyncratiques et culturelles, il y a une similitude profonde — certains parleront même d'une identité — dans l'activité cognitive humaine. Plutôt que de savoir objectif, il vaut mieux parler d'un savoir intersubjectif, dont l'idéal est d'être communicable sans reste.

Donc pas de savoir objectif absolu, puisque tout savoir dépend d'un sujet et est marqué par lui. Pas de savoir subjectif absolu, car tout savoir (que) est savoir de quelque chose, même s'il s'agit d'un savoir de soi. Mais un savoir qui est toujours de connotation subjective, et dont l'*objectivité* n'est qu'une intersubjectivité qui, outre la communicabilité possible entre sujets, désigne aussi leur interchangeabilité, et met en lumière le fait que, sous certains aspects (quand ils sont adultes, valides, éveillés), tous les sujets connaissants sont de même tessiture cognitive. Il y a savoir *objectif* quand le sujet connaissant réussit à se transformer en machine cognitive — mais ceci n'est qu'une manière pour le sujet de jouer avec soi.

CHAPITRE 10

LA RELATION SUJET CONNAISSANT/SAVOIR

Comment le sujet connaissant appréhende-t-il l'objet de savoir qu'il vise pour le constituer en savoir? Il ne s'agit pas ici d'étudier les capacités cognitives du sujet connaissant — discrimination, mémorisation, apprentissage, etc. —, mais de mettre en lumière les structures d'intégration dont se sert le sujet connaissant dans son entreprise de constitution et d'appréhension du savoir. Le sujet connaissant se meut par rapport au savoir qu'il constitue dans un espace de modulation qui se déploie selon trois axes: l'axe de l'instrumentalité, qui commande les modes d'appréhension de l'objet de savoir, par les sens, par l'intellect, par l'intuition; l'axe de la temporalité, qui va de l'immédiat au médiat, du facile au difficile, de l'intuitif au discursif; l'axe de la modalité, qui va du possible au nécessaire, du probable au certain.

L'instrumentalité: sens, intellect, intuition

Pour mener à bien son activité de cognition, le sujet connaissant dispose de ce qu'on désigne classiquement comme les instruments du savoir, instruments par le moyen desquels il perçoit l'objet de savoir qu'il vise et le retient, instruments que l'on regroupe en général sous trois rubriques: les sens, l'intellect, l'intuition. Les sens, qui sont autant d'instruments externes, de protubérances, de surfaces de contact, dont notre corps dispose et par le moyen desquels il entre en contact avec son monde: les sens comme antennes que le corps projette hors de lui et avec lesquelles il tâte son monde. L'intellect comme instrument interne, comme expression concrète de la capacité ordonnatrice et calculatrice de notre esprit, capacité qui n'est pas directement rattachée à telle ou telle surface externe de notre corps, capacité qui semble être liée à notre aptitude au langage. Enfin, l'intuition qui, chez ceux qui considèrent qu'un tel instrument cognitif existe, permet à notre corps/esprit de saisir ce qui est de manière directe, sans inférence, sans matérialité et sans langage, de pénétrer en profondeur dans ce que l'on appréhende pour le connaître de l'intérieur pour ce qu'il est vraiment.

Que vaut cette distinction? répond-elle à une réalité? y a-t-il des situations cognitives de pure sensation, de pure intellection, de pure intuition? Ou bien n'est-elle que didactique et s'agit-il de différences d'accentuation? On retrouve là la problématique des éléments fondateurs: les *sense-data* pour les uns, les idées innées pour les autres, les intuitions premières pour les troisièmes. Prééminence du savoir par les sens, avec les diverses versions de l'empirisme, d'Épicure au positivisme logique en passant par Locke, Berkeley et Hume; prééminence du savoir par l'intellect, avec les divers rationalismes, de Platon à Whitehead, en passant par Descartes, Leibniz et Hegel; préeminence du savoir par intuition, avec le savoir noétique de Plotin, la connaissance du troisième genre de Spinoza, les intuitions fondatrices de Bergson. A partir de cette distinction entre instruments du savoir, on se demande si l'un d'eux est fondateur, s'il est premier par rapport aux deux autres, et s'il est possible de réduire ceux-ci à celui-là.

Là aussi, comme dans le cas de toutes les coupures, de toutes les exclusions, mon sentiment — devrais-je dire mon *intuition* — est que ce triangle instrumental n'est qu'idéel et régulateur. La distinction entre instruments de savoir n'est qu'une distinction d'accent et non pas une distinction fondatrice. Toutes les situations cognitives dans lesquelles nous nous trouvons sont intérieures à ce triangle, et elles sont tenues par les trois sommets à la fois, selon des insistances diverses, en fonction de la nature des situations cognitives en question. Nous nous trouvons le plus souvent, si ce n'est toujours, dans des situations cognitives mixtes du point de vue des instruments du savoir, — surtout quant aux situations cognitives de savoir (que) s'ajoutent les situations cognitives de savoir-être et de savoir-faire. Nous sommes en permanence dans des situations de rééquilibration entre prises cognitives. Que serait une pure donnée des sens — une tache rouge, une bouffée de chaleur — que je n'aurais pas intégrée, retenue, ordonnée, transformée en savoir d'une situation cognitive. Que serait une pure intellection, une idée pure, un principe, une règle, qui ne serait pas retenu dans un corps, dans un monde, dans un langage. Que serait une pure intuition, sans les mots, même balbutiants, dont elle se revêt, sans la forme qu'elle prend, sans l'acte qu'elle guide.

Données de sens, principes innés, intuitions fondatrices, voilà autant d'êtres de raison qui naissent après coup, par le moyen de procédures d'abstraction que *je*, sujet connaissant de toutes mes situations cognitives, applique à mon activité cognitive et à ses contenus. Je découvre les instruments de savoir en leur pureté en les extrayant du lieu de leur concrétisation, des situations cognitives par le moyen desquelles ces instruments de savoir se manifestent: je fabrique ces instruments en les reconnaissant. Mais, me dira le rationaliste, comment puis-je appliquer une procédure d'abstraction si je ne possède pas, si je ne maîtrise pas, des règles, des principes, des compétences, innés? Mais, me dira l'empiriste, comment puis-je procéder à des abstractions sans auparavant voir, discerner, sentir, percevoir? Mais, me dira l'intuitionniste, comment puis-je percevoir, comment puis-je abstraire, si avant cela je ne sais pas, je ne suis pas, dans ce que je perçois, dans ce que je fais, si je ne suis pas directement ouvert à ce qui est (pour moi)?

Je est un bricoleur cognitif, qui fait avec ce qu'il a, et avec ce qu'il trouve autour de soi. C'est en les découvrant (en soi) qu'il produit, qu'il édicte les règles selon lesquelles il fonctionne. Et ces règles de fonctionnement qu'il découvre en soi sont aussi bien câblées dans son système nerveux (par *câblage* j'entends des limites de possibilité et d'impossibilité plutôt qu'un tracé direct) que produites par des répétitions et par des changements dans ce qui apparaît. Je découvre mes sensations premières, mes idées innées, mes principes directeurs, mes règles, mes compétences, en analysant ce que je fais, ce que je sais, ce que je suis. Je me (re)construis en me déconstruisant: je constitue mon squelette cognitif, ma structure porteuse après coup, ou plutôt *in medias res*, en vivant mon activité cognitive.

En fait, ce n'est pas tant la découverte des instruments cognitifs qui est étonnante, c'est le fait de les découvrir en moi, le fait d'être capable de prendre conscience de moi connaissant, de me regarder connaissant, et de me reconstruire après m'être déconstruit par mon auto-réflexion. Mais là aussi je suis un bricoleur: ce n'est pas seulement moi que je regarde pour savoir comment je sais, je regarde aussi l'autre, avec son corps, ses actes, ses paroles, son regard sur moi. Je me constitue en tant que sujet connaissant, en réponse, en réflection, en réflexion, par rapport à lui tout autant que par rapport à moi. Surgit la question sans réponse: si j'étais seul au monde, saurais-je me connaître, me reconnaître, comme sujet connaissant?

La temporalité: immédiat/médiat

Sur l'axe de la temporalité, le sujet connaissant se meut selon une série de balancements qui expriment les diverses prises *temporelles* du sujet sur le savoir qu'il appréhende: immédiat/médiat, premier/second, direct/indirect, rapide/lent, facile/difficile, sans effort/avec effort. La coupure ne passe pas entre instruments de savoir, entre un savoir des sens et un savoir de l'intellect: l'axe de la temporalité se déploie en eux. Une exception: le savoir par intuition, qui appartient *par nature* au pôle de l'immédiat, un savoir qui s'impose sans réflexion et sans effort, en prise directe sur ce qui est; un savoir auquel on oppose traditionnellement le savoir discursif, comme un savoir second, indirect, comme savoir de la réflexion, de l'inférence, qui se déploie dans le langage.

Sur cet axe de la temporalité, on a à une extrémité, le pôle de l'instantané, de l'immédiat, autour duquel se regroupent des notions voisines: intuition, évidence, instinct, spontanéité, fraîcheur, aisance, passion; et à l'autre, le pôle de la durée et de ce qui s'étire dans le temps, autour duquel se regroupent d'autres notions: discursivité, réflexion, analyse, contrôle, reprise, effort, ennui, etc. Et entre les deux, la masse de nos savoirs, qui sont des mixtes de l'instant et de la durée, de la perception immédiate, première, et de la reprise réflexive, seconde.

La modalité: possible/nécessaire, probable/certain

Pour éclairer la problématique de la modalité dans le contexte de la situation cognitive, je vais d'abord distinguer deux genres de modalités, l'une *objective*, qui met l'accent sur la nature modale de l'objet de savoir; et l'autre *subjective*, qui a trait à l'attitude modale du sujet connaissant par rapport à un savoir donné. La modalité objective s'exprime selon le possible, l'actuel et le nécessaire, tandis que la modalité subjective s'exprime selon le probable, l'évident, le certain.

Un événement est possible s'il peut avoir lieu ou ne pas avoir lieu: il est possible qu'il pleuve demain. Un événement est actuel, s'il a lieu ici et maintenant: il pleut maintenant. Un événement est nécessaire si, compte tenu du contexte dans lequel il se produit, il ne peut pas ne pas avoir lieu: s'il pleut sur la terre, la terre est mouillée. Ou encore avant de jeter la pièce de monnaie en l'air, elle peut retomber sur pile, ou elle peut retomber sur face; elle est tombée actuellement sur face; une fois lancée en l'air, il est nécessaire qu'elle tombe soit sur pile soit sur face. Je prends ici *événement* au sens le plus large, puisqu'un événement peut être de nature diverse (spatio-temporel, psychique, mental, idéel), et de configuration diverse (objet matériel, événement spatio-temporel, sentiment psychique, évaluation mentale, objet idéel). La modalité objective concerne l'existence — possible, actuelle, nécessaire — de l'objet de savoir: il est possible que telle chose soit; telle chose est actuellement; il est nécessaire que telle chose soit.

La modalité subjective a trait, non pas à l'existence de l'objet de savoir en question, mais à la façon dont le sujet apprécie le savoir qu'il a de cet objet. Alors qu'un événement est possible, actuel, nécessaire, un savoir est probable, évident, certain, aux yeux du sujet connaissant de la situation cognitive dans laquelle ce savoir est produit. Les sceptiques grecs, et Descartes à leur suite, sont à la recherche du savoir certain; ils cherchent à atteindre un savoir qui ne soit pas probable, mais indubitable. Ils remettent en cause leur attitude envers le savoir évident, envers le savoir qui se présente à eux avec l'évidence de l'actuel, tel le savoir sensible: « Le miel est doux au goût du bien-portant, il est amer pour le malade de la bile » (Sextus Empiricus).

Alors que le possible, l'actuel, le nécessaire, ont trait à la nature de l'entité visée par eux, à sa situation dans le temps, à sa relation à ses prémisses, à ses causes, etc., le probable, l'évident, le certain, se réfèrent à l'attitude du sujet connaissant envers le savoir dont il dispose. Un événement est dit possible quand il est mis en rapport avec l'ensemble d'événements (au sens large) internes et externes, qui lui servent de contexte: un savoir est dit probable par rapport à un sujet connaissant qui lui attribue un coefficient modal, une valeur d'apparition. Théoriquement, un événement possible est possible pour l'humanité toute entière, il est possible *en soi pour nous*: à moins de nier la possibilité comme telle, et d'être partisan d'un déterminisme absolu. Le degré de possibilité d'un événement est lié à la mesure de son éventuelle réalisation: il est rattaché à l'événement lui-même. Par contre, le degré de probabilité d'un savoir est lié au sujet connaissant: un savoir peu probable pour l'un peut être très probable pour l'autre.

Cependant, à y regarder de près, on constate que la différence est surtout d'accentuation. Dans les deux cas, la modalité est cognitive, elle a trait à un savoir. Dans le cas de la modalité objective, ou plutôt de la connotation objective de la modalité, le savoir s'appuie, est reversé sur l'objet de savoir qu'il vise. L'accent est mis sur la *réalité* de l'objet de savoir, et sur le reversement de cette *réalité* dans le savoir que l'on en a. Dans le cas de la modalité subjective, c'est-à-dire de la connotation subjective de la modalité, l'accent est mis sur la relation entre le sujet connaissant et le savoir: le savoir non pas dans ce qu'il représente, mais dans la manière dont il est apprécié par le sujet pour ce qu'il représente. Dire qu'il est possible que demain il pleuve, revient à mettre l'accent sur les conditions atmosphériques actuelles qui servent de contexte d'effectuation pour l'événement futur: celui-ci est considéré comme possible, compte tenu de ce qui se passe maintenant. Dire qu'il est probable à mes yeux que demain il pleuve, revient à affirmer que j'attribue une valeur de réalisation au savoir de l'événement, tel que ce savoir se présente à moi. C'est parce que, compte tenu des conditions atmosphériques actuelles, il est possible que demain il pleuve, que j'attribue à ce savoir un coefficient de probabilité qui exprime mon attitude, ou mon appréciation à l'égard de ce savoir dont je dispose.

CHAPITRE 11

MODULATIONS COGNITIVES EXTERNES

La situation cognitive, on vient de le voir, se module de l'intérieur selon trois axes, selon l'instrumentalité, selon la temporalité, selon la modalité. Ces modulations sont internes à la situation cognitive, puisqu'elles traitent de relations qui unissent de l'intérieur le sujet connaissant au savoir qu'il produit. Je vais maintenant considérer deux autres modulations, qui se situent à l'extérieur de la situation cognitive, tout en ayant trait à la relation sujet/savoir. La première de ces modulations concerne l'utilité du savoir, et je parle à son propos de modulation selon l'usage, ou encore de modulation pragmatique; la seconde a trait à la comparaison entre sujets connaissants des situations cognitives, et je la désigne comme modulation selon l'analogie.

La modulation du savoir selon l'usage

La modulation du savoir selon l'usage exprime le fait que le savoir joue un rôle essentiel dans la vie du sujet connaissant, qu'il répond à des besoins, à des demandes, à des désirs, qu'il sert à vivre. La valeur d'usage d'un savoir se module le long d'un axe qui va du savoir utile au savoir nuisible en passant par le savoir neutre, vain, indifférent. On dit d'un savoir qu'il est utile quand il permet au sujet connaissant qui en dispose de mieux se situer dans son monde, de mieux le connaître pour ce qu'il est, de mieux persévérer dans son être propre. On constate que le savoir n'est pas utile en soi, mais par son impact, ses applications, ses conséquences; et que cette utilité du savoir est toujours relative au sujet connaissant, qu'il s'agisse d'un sujet unique, ou d'un groupe de sujets, ou de l'humanité toute entière. Il en est de même pour le savoir dit nuisible, qui l'est toujours pour tel ou tel sujet connaissant, et par telle ou telle de ses conséquences: en soi, aucun savoir n'est nuisible. Enfin on dit d'un savoir qu'il est neutre quand il n'est ni utile, ni nuisible, quand il ne concerne la vie d'aucun sujet connaissant, quand il n'intéresse personne, quand son application n'a de sens pour aucun sujet, etc.

La modulation d'usage d'un savoir, on le voit, est entièrement axée sur le sujet connaissant qui en dispose, même si ce n'est pas toujours le sujet lui-même qui en décide. Un savoir qui paraît indifférent à l'un peut être utile à un autre, et nuisible à un troisième. En outre, souvent c'est un tiers qui décide de la valeur d'usage d'un savoir: là est le lieu de la condescendance cognitive, qu'il s'agisse des personnes ou des institutions. Je sais mieux que toi ce qu'il est bon pour toi de savoir, je sais ce qui t'est utile, je sais ce qui t'est nuisible. La modulation pragmatique du savoir a des incidences qui dépassent la situation cognitive proprement dite. En effet, un savoir est utile à quelqu'un, en vue de quelque chose: on pose ainsi d'avance une image du sujet connaissant, de ce qu'il doit être, de ce vers quoi il doit tendre — pour juger à cette aune, de l'utilité du savoir en question. Si le savoir utile est celui qui m'aide à mieux vivre, si le savoir nuisible est le savoir qui m'empêche de mieux vivre, quel est ce *mieux-vivre*? La problématique cognitive rejoint là des préoccupations éthiques, et est tenue par elles sous cet aspect de l'utilité.

Dans l'espace de la modulation d'usage, on découvre des axes de moindre écart. Ainsi à un savoir fondamental fait face un savoir secondaire, à un savoir important un savoir qui l'est moins, à un savoir des principes un savoir des détails, à un savoir de l'essence un savoir des accidents, et ainsi de suite: le savoir second étant hiérarchiquement soumis au savoir premier, en fonction de la valeur d'usage que le sujet connaissant leur attribue. Ainsi, pour un peintre, la forme et la couleur d'une machine sont plus importantes à connaître que son fonctionnement; il n'en est pas de même pour l'ingénieur. Mentionnons aussi la connotation esthétique de la modulation d'usage, qui lie le sujet au savoir selon des critères d'appréciation esthétique: ainsi on parle de savoirs harmonieux, élégants, beaux, attrayants, impressionnants, sublimes, face à des savoir disharmonieux, laids, bâclés, futiles. A cela s'ajoute la connotation fonctionnelle de la modulation d'usage, qui distingue le savoir de conception et de direction, du savoir d'exécution: la relation du concepteur, de l'inventeur, du maître-d'œuvre au savoir qu'il utilise, face à la relation au savoir de l'exécutant, de l'homme-robot.

La distinction classique savoir pratique/savoir théorique est proche de la modulation d'usage, tout en s'en distinguant par des traits importants. On a l'habitude d'opposer un savoir pratique à un savoir théorique, en considérant le premier comme un savoir qui sert à quelque chose, et le second comme un savoir qui ne sert à rien. Dans cette perspective, on entend par savoir pratique un savoir utile, un savoir d'emploi et de mode d'emploi: savoir qui se diversifie en savoir technique de la maîtrise du monde des choses, et savoir éthico-politique de la conduite des êtres humains en société. En vis-à-vis, le savoir théorique serait un savoir pur, un savoir pour savoir, à la limite un savoir indifférent et neutre, savoir d'un œil qui contemple de manière désintéressée. Une telle distinction est certes justifiée par certains de ses traits, mais elle met en lumière de manière inadéquate la pragmaticité du savoir.

En effet, l'axe pratique/théorique n'est pas superposable à l'axe utile/inutile: bien des savoirs pratiques paraissent vains et inutiles à tel et tel sujet connaissant; et on connaît l'importance et l'utilité de bien des savoirs dits théoriques. Pour mieux apprécier la distinction pratique/théorique, distinguons deux tendances de la pragmaticité du savoir, l'une dirigée vers des fins externes, et l'autre vers des fins internes — les deux tendances exprimant un savoir utile. Le savoir pratique répond à des fins externes: techniques quand il s'agit de l'action du sujet sur le monde; éthico-politiques quand il s'agit de la conduite du sujet dans la société des humains. Le savoir théorique répond à des fins internes, de nature existentielle, idéelle, esthétique, affective, qui sont exprimées en termes de satisfaction, de plaisir, de joie. La fin *utile* du savoir théorique se manifeste dans le sentiment qu'a le sujet de connaître son monde et de le comprendre, sentiment qui rejoint la joie de savoir et le plaisir de jouer avec des idées.

La modulation des sujets connaissants selon l'analogie

Pour finir cet examen de la relation sujet/savoir, revenons au problème que pose la nature du sujet de cette relation. Reprenons donc la relation sujet/savoir de l'extérieur, en comparant les situations cognitives dans lesquelles je me trouve, dans lesquelles je suis conscient de me trouver, avec les situations cognitives que j'attribue à d'autres sujets connaissants — compte-tenu de ce que je sais de ma nature propre de sujet connaissant. Je parle ici de modulation selon l'analogie, puisque le problème est celui de l'éventuelle ressemblance entre moi, sujet connaissant, et les autres sujets connaissants; entre les situations cognitives dans lesquelles je me trouve, et les situations cognitives que j'attribue à d'autres sujets connaissants.

La modulation analogique des sujets connaissants entre eux dépend de ce qu'ils peuvent savoir les uns des autres, ainsi que de la manière dont ils peuvent communiquer entre eux: on retrouve là le problème classique des *other minds*, de l'éventuelle existence d'autres esprits. Dans cet examen de la modulation selon l'analogie, deux options principales se présentent: il n'existe pas d'autres sujets connaissants, il existe d'autres sujets connaissants. Chaque option se présente avec ses variantes. Selon que l'on choisit l'une ou l'autre de ces options en telle ou telle de ses variantes, la relation sujet/savoir prend un sens différent.

Partons de l'option selon laquelle il n'existe qu'un seul sujet connaissant, celui de la situation cognitive dans laquelle je me trouve ici et maintenant: option la plus simple et la plus radicale. Cette option solipsiste se déploie selon trois variantes: un solipsisme ontologique, un solipsisme subjectif, un solipsisme cognitif. Par *solipsisme ontologique*, j'entends la position selon laquelle je suis le seul existant, et tout ce qui est, tout ce qui me paraît être, ne sont que des états (mentaux) internes à moi. Par *solipsisme subjectif*, j'entends la position selon laquelle je ne suis pas le seul existant, mais je suis le seul sujet connaissant: le monde est un monde de choses, inconscient, non-connaissant, et je suis le seul qui sait et qui a conscience de savoir. Par *solipsisme cognitif*, j'entends la position selon laquelle il y a d'autres existants, il y a peut-être même d'autres sujets connaissants, mais comme je ne puis entrer en contact avec eux, ni communiquer avec eux, je ne les connais pas en tant que sujets connaissants: je suis un sujet connaissant solitaire, sans être unique. Bref, selon la première position, je suis tout ce qui est; selon la seconde, je suis le seul sujet connaissant ; selon la troisième, je suis le seul sujet connaissant que je connaisse.

Quel que soit le mode de solipsisme auquel on adhère, la question des relations entre sujets connaissants se trouve résolue par défaut. Dans les situations cognitives solipsistes, il n'y a jamais de relations entre sujets connaissants, car je suis — en tout cas pour moi — le seul sujet connaissant ; et le seul ensemble de situations cognitives que je connaisse est celui dans lesquelles je suis le sujet connaissant. Cette position recouvre aussi bien le solipsisme ontologique : seul j'existe, et je ne connais que ce que je contiens en moi ; que le solipsisme subjectif : je suis l'unique sujet connaissant, et je connais le monde des choses qui m'entourent ; et le solipsisme cognitif : je suis le seul sujet connaissant que je connaisse, et tout ce qui m'apparaît n'est que chose pour moi. Quelle que soit la nature des choses que je connais, qu'il s'agisse de mon contenu mental, ou de choses proprement dites, ou même d'autre sujets connaissants que je ne peux connaître pour ce qu'ils sont, et avec lesquels je ne peux communiquer, il se trouve que pratiquement je ne connais que des choses. Reste le problème de la connaissance de soi que peut avoir un sujet connaissant solitaire. Se connaît-il comme une chose ou comme un sujet ? Comment peut-il se connaître comme un sujet, lui qui n'a qu'une connaissance des choses — à moins de poser qu'un mode spécial de l'auto-cognition soit possible, qui mène à la connaissance de soi ?

L'autre option est fondée sur la croyance idéelle selon laquelle d'autres sujets connaissants existent : le sujet connaissant sait qu'il n'est pas seul, il sait que d'autres sujets connaissants fondent d'autres situations cognitives. Cette position pose autant de problèmes que le solipsisme cognitif. Comment sait-il qu'ils existent, que peut-il savoir d'eux ? Les connaît-il par intuition directe, tels qu'ils sont en eux-mêmes, ou bien ne les connaît-il qu'indirectement, par des indices, des indications, qui lui sont fournis par ce qu'il est capable de connaître, à savoir par la connaissance des choses ? Au problème de la reconnaissance de l'autre s'ajoute celui de la communication avec lui. Les deux problèmes sont intimement liés, puisque je dois reconnaître l'autre pour communiquer avec lui, et ce n'est qu'en communiquant avec lui que cette reconnaissance peut être vérifiée.

Quelle est la nature de cet autre dont j'admets l'existence, est-il une *chose qui sait*, ou bien est-il un *comme-moi*, un *semblable-à-moi*, un *identique-à-moi* ? Quand je considère l'autre comme une *chose qui sait*, le savoir que j'ai de lui est analogue au savoir que j'ai des choses en général, à condition d'accorder à ces objets spéciaux la propriété d'être aptes au savoir, comme d'autres objets sont aptes à se mouvoir, à grandir, à changer de couleur, etc. C'est par analogie à mon savoir des objets que je connais les autres sujets connaissants, les autres *res cogitantes*, les sujets-objets. Communiquer avec autrui revient dans ce cas à jouer sur des claviers de stimulations et de réponses qui sont similaires aux moyens avec lesquels le sujet-sujet (*je*) est en relation avec tout objet de savoir, c'est-à-dire est informé par lui et agit sur lui. L'autre, n'étant qu'un sujet-objet pour moi, ne peut que m'informer d'une part, et réagir par rapport à moi de l'autre.

Par *informer*, j'entends ici non pas l'activité volontaire d'un sujet-sujet, mais une manière d'être dans le monde qui permet l'examen et l'interprétation du monde par le sujet-sujet, par *je*, unique sujet authentique de l'unique situation cognitive authentique, qui est celle qui se déploie en *moi*. La situation est semblable à ce qui a lieu quand je communique avec un programme d'ordinateur suffisamment élaboré pour que je ne sois pas immédiatement conscient de l'automaticité de ses réactions et des informations qu'il me livre. J'ai à la fois l'impression d'avoir en face de moi un sujet connaissant (le programmeur lui-même!!), et en même temps, je connais le programme entièrement pour ce qu'il est, à partir des informations qu'il me livre, et des réactions qu'il présente à mes interventions. Le sujet connaissant se présente à moi comme une *res cogitans*, comme une *re cognoscens*, comme une chose qui pense et qui connaît, que je peux connaître en tant que telle, puisqu'elle m'apparaît comme un sujet-objet, comme un objet dont l'une des capacités est de connaître.

Cette manière d'aborder le sujet connaissant comme un sujet-objet domine de nos jours la recherche en sciences psychologiques et sociales. La *sujéité* du sujet connaissant va en s'amenuisant au fur et à mesure de l'*avancement* des sciences positives, jusqu'au point où on espère pouvoir éliminer entièrement le sujet-sujet, pouvoir le réduire entièrement à n'être qu'un sujet-objet, à n'être qu'un objet de connaissance. Le sujet connaissant, tenu pour analogue en son fondement à tout objet de savoir, est approché et étudié comme tout objet de savoir, selon des critères qualitatifs et quantitatifs déjà appliqués aux objets qu'étudient les sciences de la nature. Le sujet connaissant est étudié sans reste: ou plutôt avec l'espoir qu'il soit sans reste.

En admettant que d'autres sujets connaissants existent, mais comme des *res cognoscentes* uniquement, puis-je communiquer avec eux, et comment? Tout dépend de ce qu'on entend par *communiquer*. S'il s'agit d'échanger des informations, des stimulations, et des réponses à ces stimulations, il est évident que je peux communiquer avec des *res cognoscentes*, avec des choses connaissantes, de la manière dont je communique avec des objets complexes, des organismes, des ordinateurs; et de la manière dont ces objets complexes communiquent entre eux. On est ainsi ramené à la position du solipsisme cognitif, où seul *je* est pour soi un sujet connaissant ayant conscience de soi et volonté, et pour lequel tout ce qui l'entoure n'est qu'objets à connaître et à manipuler; pour lequel tous les autres sujets connaissants sont des automates déterministes que *je* peux espérer pouvoir translater entièrement en machines pensantes, à partir des bases formelles (logiques, programmes) et matérielles (système nerveux, cerveau, ordinateurs) que *je* mets en lumière en analysant le fonctionnement de ces *res cognoscentes*. Ainsi se confirme le projet le plus ambitieux de l'intelligence artificielle, construire des machines pensantes qui soient analysables sans reste, étant donné que de telles machines existent, à savoir les sujets connaissants humains qui ne sont pas *je*.

Mais il y a toujours un reste: dans un tel monde, chaque sujet connaissant se considère comme l'unique *je*, l'unique sujet à conscience de soi et à volonté propre, et considère tous les autres sujets connaissants comme des sujets-objets, des choses pensantes et connaissantes. On est là en présence d'une asymétrie généralisée, que corrige un coup de force que chaque *je* s'applique à soi-même: bien que je sois un *je* pour moi-même, je sais que pour autrui, je ne suis qu'une *res cogitans et cognoscens*, une machine déterministe qui agit et réagit en fonction d'inputs et d'outputs déterminés causalement ou statistiquement — et qui est l'objet d'étude des sciences humaines et sociales *positives*. Par rapport à chaque sujet connaissant, il y a un reste: mais ce reste n'est reconnu par chaque sujet que pour soi. On est ainsi mené à un va-et-vient permanent: je suis un *je* pour moi, je suis une chose connaissante pour les autres sujets, qui pour moi ne sont que des choses connaissantes, alors qu'il me semble que chacun d'entre eux est un *je* pour soi.

En mettant l'accent sur ce reste, sur ce qui pour moi fait de moi un sujet-sujet, sur la conscience que j'ai de moi, sur mon sentiment (mon illusion) de ne pas être un automate déterministe, mais d'avoir une volonté propre; en faisant de ce reste le fondement de la spécificité de tout sujet connaissant, le fondement de sa *sujéité*, on aboutit à l'autre extrêmité du pôle sujet: non plus le sujet comme une chose connaissante, mais le sujet comme un *semblable à moi*, un *comme-moi*, un *identique-à-moi*, un *sujet-sujet*. Si l'autre est un *comme-moi*, c'est à partir de la connaissance que j'ai de moi-même que je dois pouvoir le connaître. L'analogie n'est plus entre objets, entre choses connaissantes, mais entre sujets. J'examine l'autre à la lumière de moi-même, j'extrapole de moi à l'autre, j'attribue à l'autre ce qui à mes yeux me distingue des objets que je connais. Je ne vais plus du monde des objets au monde des sujets-objets, je vais de moi à l'autre.

A cette mise en relation directement analogique, qui va de moi à l'autre, se superpose une activité de l'imagination qui traduit l'action de l'autre en action possible de moi-sujet. Pour le comprendre comme un sujet-sujet, je prends sa place dans les situations cognitives dans lesquelles je le trouve. L'autre agit comme un sujet-sujet quand je peux, ne serait-ce que théoriquement, me mettre à sa place, m'imaginer pensant, agissant, comme un sujet à sa place. J'interprète ses actions, ses pensées, comme si c'était moi qui en avait été le sujet. Or le fait de me mettre à la place de l'autre me fait découvrir que l'autre est un sujet pour moi quand il m'apparaît en même temps comme compréhensible et comme imprévisible: compréhensible parce que comme-moi, imprévisible parce que autre que moi, et donc avec reste même pour moi. Je perçois cette imprévisibilité comme indice du fait qu'il est un sujet pour moi, car elle marque sa liberté, sa volonté propre, sa conscience de soi, sa différence de sujet-sujet.

Comment des sujets qui sont à la fois semblables et distincts communiquent-ils entre eux? Deux voies se présentent, selon que l'on admet ou non la possibilité d'un contact direct entre sujets. Si un contact direct entre sujets est impossible, on peut envisager une voie indirecte de communication qui lie les sujets entre eux par l'intermédiaire de la connaissance des choses. La similitude essentielle entre sujets connaissants, fondée sur la croyance idéelle en l'unité du genre humain, entraîne — on l'espère, et en tout cas on le suppose — une similitude fonctionnelle et opératoire. La communication entre sujets connaissants, de quelqu'ordre qu'elle soit, qu'il s'agisse de la transmission d'un savoir ou de sa réception, se fonde dans ce cas sur la manipulation analogique des données du savoir. L'autre en tant que sujet connaissant est considéré comme un autre moi: lui transmettre un savoir, une information, revient à faire pour lui ce que j'attends que l'on fasse pour moi. Je mets à sa disposition des mots, des signes, en supposant que sa réaction à ces mots, à ces signes, sera la même que la mienne. Puisque j'acquiers un savoir en intégrant des signes, je suppose qu'en lui présentant les mêmes signes, il intégrera le même savoir.

Fondée sur une analogie fonctionnelle et opératoire entre sujets connaissants, cette voie indirecte de communication entre sujets connaissants s'appuie sur l'idée d'un monde unique qui unit entre eux les divers points de vue sur ce monde. Les sujets ne se connaissent et ne communiquent entre eux que parce qu'ils sont des points de vue différents ouverts sur le même monde. Cette voie intersubjective indirecte met surtout en lumière la dépendance essentielle des sujets à l'égard de leur monde, et l'impossibilité dans laquelle ils se trouvent de communiquer entre eux autrement que par son intermédiaire. Dans cette perspective, les sujets sont comme des monades sans contact direct entre elles, mais cependant liées entre elles parce qu'elles visent le même monde, et qui communiquent entre elles par le détour de ce monde qui leur est commun. C'est dire que dès que le monde que les sujets visent n'est pas commun, ou encore dès qu'il n'y a rien de commun entre les mondes que les sujets visent, la communication, la vraie communication entre sujets, n'est pas possible. On retrouve là le problème que pose la traduction d'une langue à l'autre, d'une culture à l'autre, d'un monde à l'autre.

Enfin, il est possible d'envisager, d'imaginer, un contact direct entre sujets, une communication directement intersubjective, qui sera spécifique à l'ensemble des sujets, à l'ensemble des êtres humains, et qui différerait par sa qualité, de la voie qui mène du sujet aux objets qu'il connaît. On peut à ce propos parler d'un autre genre de savoir: empathie, sympathie, lien intersubjectif intuitif. Cependant, dès que l'on s'essaye à saisir plus clairement cette perception directe de l'autre, de mieux la cerner et la formuler, on est arrêté: quelle est cette relation entre sujets, et que peut-on communiquer de cette manière? Peut-être le sentiment de l'existence de l'autre, peut-être la croyance qu'il est semblable à moi, peut-être certains sentiments de bienveillance ou de malveillance! Dès qu'on regarde cette situation intersubjective de plus près, on se rend compte qu'il n'est pas possible d'éviter le détour par le langage, par les signes, par le monde.

Bref, c'est à l'intérieur de l'axe sujet-objet/sujet-sujet que se pratique la communication entre sujets. Sa fin est bien le sujet; mais ses moyens sont ce qui à la fois sépare le sujet des autres sujets, et ce qui l'unit à eux. Immergés dans un même monde, les sujets connaissants se connaissent et se reconnaissent: en eux-mêmes, du point de vue de leur existence; par leur emprise sur leur monde, du point de vue de leur essence et de leur organisation. Les signes du monde sont les moyens par lesquels les êtres humains communiquent entre eux — mais cette communication intersubjective n'a de sens qu'une fois l'autre reconnu comme un *comme-moi*. Je reconnais l'autre comme un *comme-moi*, et je lui parle comme je me parle à moi-même: ou peut-être est-ce juste le contraire — je me reconnais dans l'autre, et je me parle comme je lui parle. Quoi qu'il en soit, le savoir que j'ai de l'autre, et la possibilité de communiquer avec lui, sont fondés sur cette double analogie: l'autre comme objet et l'autre comme moi.

TABLE DES MATIÈRES

Chapitre 1. Qu'est-ce qu'une situation cognitive? 7

L'idée de situation cognitive 7

La situation cognitive est ego-centrée 8-9

Voie analytique et perspective phénoméniste 9

La situation tennissive 9-10

Voie analytique des sciences cognitives 10-11

Description phénoméniste 11-13

La situation cognitive et la philosophie 13

Descartes et Hobbes, précurseurs des sciences cognitives 14-17

Le corpus philosophique comme magasin d'idées ... 17-18

Indications bibliographiques 18-19

Chapitre 2. Les articulations de la situation cognitive 21

Le sujet connaissant 21

Pas de situation cognitive sans sujet connaissant ... 21-23

Remise en cause du sujet connaissant 23

Théorie de l'Intellect Agent et du sujet transcendantal 23-25
Relativisme du sujet 25-26
Typologie du sujet connaissant 26-28

Chapitre 3. L'objet de savoir 29
Problématique de l'objet de savoir 29-30
Objets et événements 30
Intérieur et extérieur 31
Interne et externe (pour moi) 31-32
Réalisme et idéalisme 32-35
Distinction croisée 35-36
Privé et public 36
Ontologies croisées 37
Univers à la Descartes non cartésien 38-39
Monde des objets idéels 40
Corporais et mentalais 40
Monde des esprits et monde des objets idéels 40-41
Quatre mondes, trois mondes, deux mondes, un monde 42-44

Chapitre 4. Connaissance de soi 45
Un exercice de théologie cognitive 46
(Le concept de) Dieu 46-48
Est-ce que Dieu se connaît 48-49
Dieu ne sait pas (que) 49-50
Dieu ne sait rien faire 50-51
Dieu ne sait pas être Dieu 51-52
Digression sur le bien-être et le mal-être 52
Retour au savoir-être de Dieu 54
Dieu parfait est ignorant 56
Dieu ne peut être le sujet d'une situation cognitive 58-59

Chapitre 5. La connaissance de soi de la Monade 61
Immutabilité de Dieu, immutabilité des choses inanimées 61-62
Connaisance de soi de l'organisme 62-63
Connaissance de soi du programme d'ordinateur ... 63-64
La monade leibnizienne 64
La monade est un point de vue fermé 66-68

La monade connaît ce qu'elle contient 68-69
La monade se connaît comme distincte de non-soi .. 69-70
Trois aspects de la connaissance de soi 70-71

Chapitre 6. La connaissance de non-soi 73
Situations cognitives de connaissance de non-soi ... 73-74
Entités connaissantes qui ne se connaissent pas 75-77
Échelle de la non-connaissance de soi 77-78
Savoir sans savoir 78-79
Situations cognitives de premier ordre et de deuxième ordre 79-80
Connaissance de soi par description et par accointance 80-81
Qui suis-je 82-83
Je ne me connais pas 83-84
Connaissabilité de l'objet de savoir 84

Chapitre 7. Le savoir dans la situation cognitive 87
Trois aspects du savoir 87-89
Le savoir-relation 89
Le savoir-produit 92
Le savoir-reflet 92
L'esprit table-rase, et le monde plein-amorphe 94-95
L'esprit comme entité formelle 95-96
Les atomes de savoir 97
Le savoir-processus interne 97
Le savoir-interaction 99-100
Le savoir-résultat 100

Chapitre 8. Modulations cognitives 103
La relation savoir/objet de savoir 103
Le savoir comme croyance justifiée 103
Trois critères de l'adéquation 105
Le savoir (que) et son objet de savoir 105
Adéquation et correspondance 106-107
Cognition et ontologie 107-108
Ressemblance, covariance et désignation 108-109
Position ontologique, présupposition métaphysique 109
Position réaliste, position idéaliste 109-110
Le savoir-être et son objet de savoir 111

Socrate socratise, le lion lionise 111-112
Contexte stable de savoir-être 112-113
Contexte instable de savoir-être 113-116
Adéquation et cohérence 116-117
Le savoir-faire et son objet de savoir 117
Le castor, la machine et le pâtissier 118-119
Adéquation et réussite 119
Complémentarité des modes de savoir 119-121

Chapitre 9. La relation sujet connaissant/objet de savoir 123
Variance objective/subjective du savoir 123-124
Savoir objectif 124-126
Savoir subjectif 126-127
Savoir intersubjectif 127-128

Chapitre 10. La relation sujet connaissant/savoir 129
L'instrumentalité: sens, intellect, intuition 130
La temporalité: immédiat/médiat 132
La modalité: possible/nécessaire, probable/certain 132

Chapitre 11. Modulations cognitives externes 135
La modulation du savoir selon l'usage 136
Utile/nuisible/vain 136-137
Pratique/théorique 137
La modulation des sujets connaissants selon l'analogie 138
Solipsismes ontologique, cognitif, subjectif 138-139
Le sujet-objet 139-141
Le sujet-sujet 141-144

OUVRAGES DU MÊME AUTEUR

La philosophie de Salomon Ibn Gabirol, Brill Leiden, 1968.
La Source de Vie d'Ibn Gabirol, Aubier-Montaigne, Paris, 1971.
La structure métaphysique, P.U.F., Paris, 1975.
Objets idéels, Vrin, Paris, 1978.
Une théorie du savoir, Vrin, Paris, 1978.
L'activité théorique, Vrin, Paris, 1983.
Solitude du penseur de fond, Critérion, Paris, 1990.

La photocomposition de cet ouvrage
a été réalisée par
GRAPHIC HAINAUT
59690 Vieux-Condé
☎ 27.25.04.64

Achevé d'imprimer en octobre 1990
sur les presses de l'imprimerie Carlo Descamps
59163 Condé-sur-l'Escaut

Dépôt légal : octobre 1990
N° d'imprimeur : 6603
Imprimé en France